中国资本市场论坛
China Capital Market Forum
2016

程　前◎主编

中国财富出版社

图书在版编目（CIP）数据

中国资本市场论坛.2016 / 程前主编. —北京：中国财富出版社，2017.6
ISBN 978-7-5047-6515-4

Ⅰ.①中… Ⅱ.①程… Ⅲ.①资本市场—研究—中国—2016 Ⅳ.①F832.5

中国版本图书馆CIP数据核字（2017）第121351号

策划编辑 惠 婳　　责任编辑 惠 婳　　特约审稿 巫美霖
责任印制 何崇杭 石 雷　　责任校对 杨小静　　责任发行 敬 东

出版发行 中国财富出版社
社　　址 北京市丰台区南四环西路188号5区20楼　　邮政编码 100070
电　　话 010-52227588 转 2048/2028（发行部）　010-52227588 转 307（总编室）
　　　　 010-68589540（读者服务部）　010-52227588 转 305（质检部）
网　　址 http://www.cfpress.com.cn
经　　销 新华书店
印　　刷 北京京都六环印刷厂
书　　号 ISBN 978-7-5047-6515-4/F·2762
开　　本 710mm×1000mm 1/16　　版　　次 2017年6月第1版
印　　张 12.5　　印　　次 2017年6月第1次印刷
字　　数 123千字　　定　　价 58.00元

版权所有·侵权必究·印装差错·负责调换

序

回首与程前女士、资本市场圈里各位资深帅哥、美女们的相识，已是十余年前。几近恍如隔世。人都未老，容颜犹在；而这个市场，早已风云变幻，不可言说。

想当初，我还是一个稚嫩的监管者，锋芒毕露，自以为是，与各证券公司资本市场部同行们有着频繁的工作联系。也因此，我被一群或聪明，或睿智，或专业，或经验丰富的前辈和同辈宽容着，影响着，走向成熟，对自己的工作，对监管，慢慢有了自己的想法和见解。那些至今都感觉非常熟悉的面孔，有些仍活跃在这个市场，位居权重；也有的，坐镇其他角落，或微笑隐退。允许我，借这个地方，对当年各位的宽容、理解以及尊重，鞠躬致谢。

回顾资本市场的发展，自然免不了重温发行与承销蜿蜒曲折的历程。于我，那是一段无比珍惜又美好的回忆。那时候，我们都满怀激情，为一步步走向真正的市场化努力着。我们的初衷简单又明确：在尊重和维护各方参与权利的前提下，充分考虑维护某些市场主体（如中小投资者）的利益，形成基本的原则；形成原则后，工作重心就要调整为尽量维护原则，而不再是某一方利益。每一个监管要求，要符合长远的市场化发展的要求，事出有因，规出有据，保持专业，尊重市场主体（参与方）诉求，坚持监管者的立场，共同形成被认可的监管理念，引导中介机构，中介机构再引导发行人，慢慢向市场渗透。我个人有幸经历了询价制度出台并发展的整个过程。当初的满怀期望、热血沸腾、挑灯夜战，至今都能牵动肾上腺素的分泌，引起久违的兴奋。IPO（首次公开募股）询价制度探索初期，A股市场处处仰视着境外，尤其是香港这个“成熟”资本市场，我们认真聆听、汲取着成熟市场的先进经验，尤其是定价制度、发行配售过程、机构投资者监管，研究如何取其精华、去其弊端，找寻与A股水土最贴合的方式。比如，哪类机构可以作为专业的机构投资者（即询价对象）参与询价、定价，如何对询价对象的行为进行管理并持续监管。我们做了大量的摸底调查统计，尤其对非证监会监管的机构进行了研究，最终确定符合条件的证券公司、基金公司等5类机构可以申请成为询价对象，并对信托公司的产品给予了限制；为防范和规避询价过程可能出现的问题，我们定期对询价对象参与询价的有关数据和行为进行定期统计、分析，并对扰乱秩序的机构做出处罚。证券公司作为主承销商，首先要对发行人的价值做出自己的判断，并向买方介绍自己的专业判断；同时，证券公司经历了自己组织簿记、路演和配售的有意义的阶段，经历了买卖双方充分沟通、了解和博弈的过程，不但真正发挥了主承销商的职能，队伍也得到了充分的锻炼。私下以为，现在资本市场部的中坚力量，都是经历了这段历史沿革带来的各种历练的。

程前女士是我多年的老相识、老朋友，我们共同见证了证券市场尤其是一级市场发行承销制度的发展、变迁。非常钦佩她的能力和坚持，在她看似云淡风轻的组织、号召下，资本市场论坛存续、发展了这么多年，就像一个家，成为每一个资本市场部同行信赖的、期待的港湾。很抱歉对于资本市场部各类业务，我已俨然变成外行，能拜读各位专家的大作已是荣幸。然心头窃喜的是，这个序的邀约，让我能够静下心，拿起笔，用最原始的方法，幸福而肆意地怀旧了一次，非常过瘾，非常感谢。

愿同行们、同行者们，勿忘初心，勿弃情怀，携手并进，珍惜前行。祝福属于我们大家的市场早日羽翼丰满，祝福彼时彼刻、曾经的引航者以及同路人平安！

庄　奇

2017 年 5 月

是你们，还是你们

——与资本市场论坛的朋友们交流

中和资本从2012年开始围绕上市公司在资本市场进行全产业链布局，业务领域目前涵盖一级市场（未上市企业股权投资）、一级半市场（上市公司非公开发行（定向增发））、并购重组市场和债券市场（可交换债与可转换债）等。其中，上市公司定向增发是我们业务产业链中的重要组成部分，到现在为止，我们参与了几十家上市公司的定向增发，为实体经济发展做出了我们的贡献。而这些年来，在参与定向增发投资的过程中，我们打交道最多的就是券商的资本市场部。在这里，也想以此文表达我们作为一家机构投资者，对资本市场部朋友们的感激与敬佩之情。

是你们，毫不吝啬地向我们推荐你们承销保荐的上市公司再融资项目，而且不论什么时候你们都在，不论大盘点位在2000点，3000点，4000点，还是5000点；你们总能够帮我们找到适合我们投资策略的标的，你们也总能够帮助实体企业融来其发展所需要的资金。据统计，2016 年全年 IPO、再融资（现金部分）合计融资 1.33 万亿元，同比增长 59%，IPO 家数和融资额创近五年来新高，再融资规模创历史新高。这里面有资本市场部的朋友们的辛勤努力与付出。这些真金白银都是交给了企业，都是去支持实体经济发展，都是在为 GDP（国内生产总值）增长实实在在地做贡献。

是你们，向我们推荐了那么多的好项目，帮我们介绍项目情况，帮我们协调安排与上市公司的沟通交流、调研，但却对我们毫无所求。

是你们，说好哪天几点约会（非公开发行报价），必须哪天几点，差一秒钟都不行。

是你们和我们，每次报价的那两三个小时过得那么漫长。你们在电话线的这端，我们在电话线的那端，谁都不说话，默默地等。我们等到最后半小时，努力地想给你们一个惊喜，你们在那端看着一张张的单子是那么的开心，心里想：你终于来了，再不来我就约别人了；即使你来了，如果别人出价高你还是没有戏。

是你们，和我们同呼吸共命运。资本市场低迷的时候，我们资金少，你们承销的项目也不好发行；资本市场向好的时候，我们资金充裕，你们承销的项目也好发行。在资本市场低迷的时候互相鼓励，共渡难关，在资本市场向好的时候一起分享每次为优秀企业融到资金的成功喜悦。

是你们，还是你们……

在这里，要对你们说一句，你们辛苦了，感谢有你们。

未来，我们也希望能够和券商资本市场部的朋友们一起努力，把更多的资金转化成为资本，注入实体经济中去，为我们国家 GDP 增长，为关键支柱产业腾飞，为优秀企业做大、做强，贡献我们的一份绵薄之力！

张敬庭

2017 年 5 月

·C·O·N·T·E·N·T·S **目 录**

股权挂钩产品介绍与分析

程　前　瑞银证券有限责任公司董事总经理、股票资本市场部主管

伴随着IPO（首次公开募股）的一度暂停、定向增发的监管从严，再融资市场的产品格局正悄然发生着变化。在低成本融资、平稳减持、配套国改、高层力推等多重作用与优势的加持下，以可转换债券和可交换债券为主的股权挂钩产品市场正在快速发展并逐渐步入成熟。股债结合型产品由于兼具股性和债性，既能满足上市公司的融资需求，又能为投资者提供多样化的投资选择，更是国务院明确鼓励企业发行的产品。本文详细介绍了可交换债券和可交换债券的性质、基本条款和要素、法律法规以及市场情况，并对市场上的私募可交换债券案例进行了分析，最后对境外的可交换债券及可转换债券市场进行了概述，旨在为读者全面、系统地介绍这两种股权挂钩产品。

作者简介

程　前　自加入瑞银证券有限责任公司以来，先后主持完成了西部矿业首次公开发行项目，中国石油、中海集运以及中国太保A股三个首次公开发行项目，独立承揽并主持完成了瑞银证券首个非公开发行项目——中金黄金40亿元非公开发行项目。2009年，相继承揽并主持完成了中金黄金20亿元企业债项目，浦发银行150亿元非公开发行项目以及瑞银证券首个公开发行项目——新兴铸管35.1亿元公开增发项目，民生银行46亿美元香港首次公开发行项目，招商证券111亿元A股首次公开发行项目以及中国太保31亿美元H股首次公开发行项目。2010年，又先后主持完成了交通银行327.73亿元A+H配股、际华集团40.5亿元A股首次公开发行、兴业证券26.3亿元A股IPO、南方航空100亿元A股非公开发行项目、工商银行448.47亿元A+H配股项目、国电电力95.7亿元公开增发项目、中石化230亿元A股可转换债发行。2011年至今，在川投能源21亿元可转换债发行、庞大集团63亿元A股IPO、比亚迪14.22亿元A股IPO、中金黄金28亿元非公开发行、

国电电力55亿元可转换债发行、国投电力21.8亿元公开增发、新华保险18.9亿美元A+H首次公开发行、中国南车88亿元非公开发行、川投能源20亿元公开增发、福田汽车49亿元非公开发行、交通银行566亿元A+H非公开发行、西安民生9.7亿元A股非公开发行、民生银行200亿元可转换债、云南冶金30亿元股权融资、四川路桥23亿元非公开发行、西部建设6亿元非公开发行、贵人鸟9.4亿元首次公开发行、精工钢构8.45亿元非公开发行、中钢国际11.71亿元非公开发行、新湖中宝54.99亿元非公开发行、南京医药10.60亿元非公开发行、三元股份40.00亿元非公开发行、仪征化纤60亿元非公开发行、宝钢股份40亿元可交换债、春秋航空18.16亿元IPO、东兴证券45.90亿元IPO、老百姓10.99亿元IPO、中国核电131.90亿元IPO、中国中铁120亿元非公开发行、华电国际71.47亿元非公开发行、新湖中宝50亿元非公开发行、泛海控股57.5亿元非公开发行、中亚股份7.06亿元IPO、三一集团53.5亿元私募可交换债、比亚迪145亿元非公开发行、圆通速递23亿元配套融资、东兴证券47.77亿元非公开发行、三一集团20亿元私募可交换债、复星医药23亿元非公开发行、康达新材8.5亿元非公开发行、中国中车120亿元非公开发行、天龙股份3.66亿元IPO、中铁工业60亿元配套融资、光大银行300亿元可转债和际华集团44亿元非公开发行等项目中做出了杰出贡献。

一、股权挂钩产品的介绍

（一）可交换债的介绍

可交换债券（Exchangeable Bond，EB）简称可交换债，是指上市公司的股东依法发行、在一定期限内依据约定的条件可以交换成该股东所持有的上市公司股份的债券品种。可交换债与传统转债有很多相似之处。可交换债的持有人有权按一定条件将债券交换为标的公司的股票，在此之前可定期获得如纯债一样的票息，而若持有到期未行权可获得到期本息偿付。对于发行人而言，可交换债是一种融资方式，也可能是其作为股票大宗持有人减持股票的手段。

1. 可交换债的优势

对股价冲击小：发行可交换债对股价的冲击要比发行人直接

在二级市场上出售小得多，尤其是金额较大的情况。发行可交换债与直接减持股票的公告同样具有信号作用，但可交换债具有隐含的回购保障，即如果标的股票没有上涨，发行人无法减持，再加上可交换债并非马上减持股票，因而对股价冲击要小得多。

融资成本低廉：由于具备可换股的属性，可交换债的票息水平比同等条件下的纯债要低，对于发行人而言可以节省融资成本。在我国市场的实践中，已有不少发行人以融资为目的，发行了可交换债，这类可交换债一般换股价较高。

较高的质押比率和灵活性：目前，股票质押比率普遍在50%，而发行可交换债实现了更高的质押比例。同时，私募可交换债可以将尚在限售期的股票作为标的，转股时不存在限售条件即可。

资本运作工具：私募EB与定增、股权收购配合，还可以用于并购等资本运作。

更强的条款灵活性：发行人可以灵活地设置换股价、换股时间、赎回条款（可以不止一个）以及回售条款等来满足其需求，典型的案例如15天集EB。而在发展较为成熟的海外市场，还存在现金交割和混合交割的可交换债。

如果最终投资者执行换股权，发行人则实现了减持。现实中，减持是诸多发行人发行可交换债的初衷。从另一角度看，由于具备换股权，发行可交换债的票面利率一般要比纯债低不少。因此，对于发行人来说，发行可交换债后要么实现了以预设价格及隐蔽的方式减持，要么实现了低成本融资。

2. 可交换债的种类

按照发行方式划分，可交换债可以分为公募可交换债和私募可交换债。作为兼具股性、债性的品种，可交换债是债券投资者分享股市收益的重要渠道。

公募可交换债可以进行质押融资，因而具备杠杆功能。同时，公募可交换债与转债一样是 T+0 交易品种。从已上市的 EB 的情况来看，可交换债的流动性不及转债，但仍明显好于纯债。

在资产荒、债市机会成本低的背景下，转债、公募 EB 估值高企的情况下，一些对流动性要求不高的机构投资者对于私募可交换债兴趣日渐浓厚。

公募可交换债和私募可交换债在发行人自身条件及标的股票条件上的要求有如表 1 所示的区别。

3. 常见条款介绍

换股条款：换股条款与转债的转债条款相似，也是决定可交换债“进可攻”性质的来源；换股条款有生效时间，一般为发行

表1　公募可交换债和私募可交换债在发行人自身条件及标的股票上的要求

	公募可交换债	私募可交换债
发行人	1. 申请人应当是符合《公司法》《证券法》规定的有限责任公司或者股份有限公司 2. 最近一期末的净资产额不少于3 亿元 3. 最近3个会计年度实现的年均可分配利润不少于公司债券一年的利息 4. 发行后累计公司债券余额不超过最近一期末净资产额的40% 5. 经评级机构评级，债券信用级别良好 6. 发行人必须不存在不得发行公司债券的情形，包括不存在最近36个月内公司财务会计文件有虚假记载或其他重大违约行为、对已发行的公司债券或者其他债务有违约或者延迟支付本息的事实且仍处于继续状态等	1. 申请人应当是符合《公司法》《证券法》规定的有限责任公司或者股份有限公司 2. 无净资产要求，不对发行人经营能力、债券投资风险进行实质性判断 3. 不存在中国证券业协会将制订非公开发行公司债券负面清单中的禁止性情形 4. 无强制性评级要求
标的股票	1. 最近一期末的净资产不低于人民币15 亿元或者最近3个会计年度加权平均净资产收益率平均不低于6% 2. 用于交换的股票在提出发行申请时应当为无限售条件股份，且股东在约定的换股期间转让该部分股票不违反其对上市公司或者其他股东的承诺	1. 无净资产及净资产收益率要求 2. 用于交换的股票在换股期内应当为无限售条件股份，且股东在约定的换股期间转让该部分股票不违反其对上市公司或者其他股东的承诺 3. 预备用于交换的股票在债券发行前，除为本次设定质押担保外，不存在被司法冻结等其他权利受限情形

半年后开始（公募EB和私募EB的转股期稍有不同，私募EB的换股期一般为半年后）；与转债不同的是，可交换债的投资者所

得股票是存量股，即原本由发行人持有的股票。而转债投资者所得股票为新发行股票。因而理论上转债存在股权稀释的问题，而可交换债则无稀释效应。

赎回条款：赎回条款往往与转股条款同步生效。与转债相似，赎回条款也可看作是为强制投资者转股而设置的条款；赎回条款的触发往往是止盈的信号，也正因此，赎回条款实际上对 EB 向上的空间构成约束；此外，一些私募 EB 设置了在整个存续期都有效的赎回条款。

回售条款：回售条款是对投资者的保护，一般在股价大幅低于换股价时触发。回售条款的实际保护程度要视时间范围、触发难度及回售价格而定；当发行人不愿接受回售时，往往执行下修。已有私募 EB 将回售条款的作用期拉长至整个换股期，保护性很强，这类私募 EB 往往具有较强股性。

下修条款：下修条款是指发行人有权在一定条件下向下修正换股价；预计发行人下修的动力主要来自避免回售的出现；一般而言，执行下修将抬升平价，从而利好 EB 投资者。当然，下修与否、下修是否到位，则要取决于发行人对换股的态度。

4. 可交换债的监管法规

对于公募可交换债而言，2008 年 10 月证监会发布的《上市公司股东发行可交换公司债券试行规定》是我国首部专门针对可交换债的监管规定。公募可交换债按发行对象的不同细分为同时面向公众投资者和合格投资者发行的公募可交换债（“大公募可交换债”）和仅面向合格投资者发行的公募可交换债（“小公募可交换债”）。2014 年 11 月，证监会出台的《公司债券发行与交易管理办法》进一步明确了可交换公司债券的法律地位，这也是各类可交换公司债都适用的最高监管规定。其规定的公开发行公司债券的法定条件是公募、私募可交换债发行的基本条件，其对交易与转让、承销管理、信息披露、持有人保护等方面的基本规定均适用于各类可交换债。2014 年，上交所、深交所分别公布《可交换公司债券业务实施细则》，对公募可交换债的上市申请、信息披露、换股、赎回、回售以及停复牌等做出了具体规定。另外，公募可交换债适用的规则还包括《上市公司股东发行可交换公司债券试行规定》和《公司债券上市规则（2015 年修订）》。

对于私募可交换债而言，其监管条例历史沿革与各个交易所的规则颁布情况息息相关。深交所于 2013 年 5 月 31 日发布的《关于中小企业可交换私募债券试点业务有关事项的通知》成为首部专门针对私募可交换债的监管条例。因此，深交所在私募可交换债方面走在市场前列。随着 2014 年《公司债券发行与交易管理办法》的颁布，其成为非公开发行公司债的基本管理办法。

据此2015年5月上交所、深交所分别发布了《非公开发行公司债券业务管理暂行办法》，进一步明确了私募可交换债的适用范围与实施细则。

我国可交换债所遵循的具体法规和规则要求如表2所示。

表2　我国可交换债所遵循的具体法规和规则要求

	公募可交换债	私募可交换债
适用规则	《公司债券发行与交易管理办法》《公司债券上市规则（2015年修订）》《上市公司股东发行可交换公司债券试行规定》及《可交换公司债券业务实施细则》等	《公司债券发行与交易管理办法》《非公开发行公司债券业务管理暂行办法》等
发行主体	满足《管理办法》及《试行规定》等的相关规定	满足《管理办法》及《非公开发行公司债券项目承接负面清单指引》等的相关规定
审批	证监会审批（公司债通道）	上报交易所出具无异议函，事后在证券业协会统一实施事后备案
质押率	发行债券的金额不超过预备用于交换的股票按募集说明书公告日前20个交易日均价计算的市值的70%	质押股票数量应当不少于预备用于交换的股票数量

续　表

	公募可交换债	私募可交换债
担保/评级要求	以股票质押，可交换债须经资信评级机构评级，信用状况良好（AAA 级大公募，其他小公募）	以股票质押，无评级要求
期限/金额要求	1～6 年，发行金额不高于待交换股票市值的 70%	1 年以上
转股、赎回、回售条款要求	换股价不低于前 20 日和前 1 日交易均价，1 年后可换股，可设置赎回、回售条款	换股价不低于前 20 日和前 1 日交易均价的 90%，6 个月后可换股，可设置赎回、回售条款
下修	无须通过股东大会，但要保证质押股票数量不低于待交换量	可设置，依募集说明书
流通/交易	深交所全价，上交所净价	协议转让为主

5. 可交换债与股权质押融资、大宗减持的比较

证监会 2015 年 18 号文要求大股东及董监高在 6 个月内不得减持，2016 年 1 月 7 日，证监会进一步发布《上市公司大股东、董监高减持股份的若干规定》（〔2016〕1 号），交易所也于 2016 年 1 月 9 日公布了关于落实《上市公司大股东、董监高减持股份的若干规定》相关事项的通知等，对减持时间及比例进行了规

范。目前来看，可交换债发行换股所带来的减持行为不受证监会及交易所以上公布的规定限制，可交换债未来分批换股，对二级市场冲击较小，而大宗交易减持不论从心理层面还是实际流动层面对二级市场均有冲击。

可交换债与股权质押融资和大宗交易减持的具体对比如表3所示。

表3　可交换债与股权质押融资和大宗交易减持的具体对比

	股权质押融资	可交换债	大宗交易减持
发行效率（资金获取时间/募集金额/减持价格）	1. 获取资金时间较快 2. 融资金额不超过所持股票市值的30%～50%，40%为主流 3. 无法实现减持	1. 发行债券时即可获得资金，变相实现提前收回减持资金 2. 公募融资金额不超过预备用于交换的股票市值的70%；私募无明确限制，一般100%以内，但一般初始不高于80% 3. 减持价格：一般较募集说明书公告日前1日收盘价有一定溢价	1. 所需时间较长 2. 减持金额较为灵活 3. 减持价格：相对当日收盘价有折让约2%～5%
期限结构	通常不超过2年，一般1年以内，无法实现减持	1. 期限更长，1～6年 2. 公募：12个月后可换股，实现减持 3. 私募：6个月后可换股，实现减持	当期减持

续 表

	股权质押融资	可交换债	大宗交易减持
交易标的	限售和流通非ST股票	1. 公募：流通股份，且不违反股东对上市公司或者其他股东的承诺 2. 私募：进入换股期时是流通股份，且不违反股东对上市公司或者其他股东的承诺，因此，私募可交换债在限售期也可提前获得现金流	流通股份
质押率	约为30%～50%	约为70%～100%	—
审批时间	银行及券商的程序时间	1. 公募由证监会审核，审核流程已相对简化 2. 私募可交换债采用交易所预审核，发行后证券业协会备案方式，审核效率更高	交易对手方决策时间
信息披露	披露要求较低，5%以上股东质押融资需要公告	1. 公募包括可交换债募集说明书、发行公告等 2. 私募披露要求相对宽松	5%以上股东每减持5%（创业板为1%）和首次减持至5%以下需公告
股价反映	反映较小，部分股票投资者会对高质押比率股警惕	影响不大	负面冲击相比较较大，尤其是情绪敏感时期
成本和其他	8%左右	1. 公募：目前票息不超过2% 2. 私募：低于纯债、股权质押；高于公募EB	需要寻找对手方并商谈折扣

（二）可转换债的介绍

可转换债全称为可转换公司债券（Convertible Bond，CB），是一种公司债券，它赋予持有人在发债后一定时间内，可依据本身的自由意志，选择是否依约定的条件将持有的债券转换为发行公司股票权利。换言之，可转换公司债券持有人可以选择持有至债券到期，要求公司还本付息；也可选择在约定的时间内转换成股票，享受股利分配或资本增值。可转换债是介于债券与股票之间的混合产品。通常而言，固定收益部分（也称为“债底”）约占可转换债价值总额的75%～80%，而看涨期权价值占可转换债总价值的20%～25%。

1. 可转换债的性质

从可转换公司债券的概念可以看出，普通可转换公司债券具有债权和期权双重属性。

债权性质：可转换公司债券首先是一种公司债券，是固定收益证券，具有确定的债券期限和定期息率，并为可转换公司债券投资者提供了稳定的利息收入和还本保证，因此，可转换公司债券具有较充分的债权性质。

这意味着可转换公司债券持有人虽可以享有还本付息的保障，但与股票投资者不同，他不是企业的拥有者，不能获取股票红利，不能参与企业决策。在企业资产负债表上，可转换公司债券属于企业“或有负债”，在转换成股票之前，可转换公司债券仍然属于企业的负债资产，只有在可转换公司债券转换成股票以后，投资可转换公司债券才等同于投资股票。一般而言，可转换公司债券的票面利率总是低于同等条件和同等资信的公司债券，这是因为可转换公司债券赋予了投资人转换股票的权利，作为补偿，投资人所得利息就低。

股票期权性质：可转换公司债券为投资者提供了转换成股票的权利，这种权利具有选择权的含义，也就是投资者既可以行使转换权，将可转换公司债券转换成股票，也可以放弃这种转换权，持有债券到期。也就是说，可转换公司债券包含了股票买入期权的特征，投资者通过持有可转换公司债券可以获得股票上涨的收益。因此，可转换公司债券是股票期权的衍生，往往将其看作为期权类的二级金融衍生产品。

实际上，由于可转换债权一般还具有赎回和回售等特征，其属性较为复杂，但以上两个性质是可转换债权最基本的属性。

可转换债具有债权和期权的双重属性，其持有人可以选择持有债券到期，获取公司还本付息；也可以选择在约定的时间内转换成股票，享受股利分配或资本增值。所以投资界一般戏称，可转换债对投资者而言是保证本金的股票。在市场上涨的过程中，可转换债股性突出，能够帮助持有者参与股市投资机会，而投资可转换债的最大收益预期也来自于此，在市场下跌过程中，可转换债的债性较强，作为能够为投资者提供稳定利息收入和还本保证的固定收益债券，相对于股票能够在一定程度上规避股市风险。

2. 可转换债的优点

可转换债具有发行认购风险较小、审核周期较快、付息成本低等优势，是目前市场上比较常见的再融资方式之一。而可转换债对发行人本身的财务状况提出了较高的要求，目前市场环境下，符合条件的发行人选择发行可转换债具有较大的优势，选择此种再融资产品有助于向市场传递积极的影响，树立企业健康的资本市场形象。

首先，由于可转换债是债权和期权价值的结合，可转换债的持有者因享有期权价值而愿意接受较低的利息收入，因此可转换债的票面利率通常低于一般公司债券。而且根据规定，可转换债的票面利率不能超过银行同期存款利率，与贷款融资相比，利息支出较低。若转换期内可转换债未实现转股，到期需要支付本金及较低的利息收入，与发行普通债券相比，降低了可转换债发行公司的融资成本。另外，若可转换债转换为股票，相比直接发行股票而言，公司也有效节约了股票的融资成本，而且减少了可转换债持有到期时公司本金及利息的偿还，减轻了公司的财务负担。

其次，公司发行新股及配股进行融资会稀释现有股东的权益，而可转换债的发行则减缓了新股东对老股东权益的稀释作用，直至可转换债被转换为股票为止。当股票价格下跌时，可转换债将以债券形式持有到期，这时可转换债的发行不会摊薄公司股东权益；当股票价格上涨时，由于转股价高于发行时的股票价格，因此在股票价格上涨未超过转股价格时，可转换债也不会转股；只有当公司股价上涨达到一定程度，超过转股价格时，可转换债才会被转换为公司股票。所以可转换债对公司股东权益的稀释效应要远远低于股权融资。

最后，可转换债由于兼具债性和转股权特性，可以成为公司债权和股权比重的调节器。可转换债在转股前作为负债，转股后，负债转变为权益，可以降低公司的负债比例，提高权益比重。因此，可转换债发行公司可以使用可转换债来灵活调节公司的资产比重。当公司股权比重过高时，可以发行可转换债筹集资金回购股权，降低股权的比重；当可转换债转换为股票时，债权减少，股权增加，降低了公司的债务比例，同时使公司获得比较稳定的资本来源。因此，可转换债融资有助于缓解企业资金压力和降低融资风险以及优化资本结构，便于企业灵活调整资产结构。

而对投资者来说，投资者购买可转换债，可以使手上的投资工具变得更加灵活，投资的选择余地也变得更加宽阔，如投资者既可持有该债券，获取债息，也可在债市上转手；既可以在一定条件下换成股票，获取股息、红利，也可以在股市上买卖赚取差价。因此，该债券对投资者具有很大的吸引力。

3. 可转换债的基本要素

面值与发行规模：我国可转换债的面值为 100 元。按照规定，发行规模不得少于 1 亿元。

利率条款：与相同信用等级的普通公司债券相比，可转换债的票面利率一般比较低。根据相关法规规定，可转换债的票面利率不得超过同期银行存款的利率。这种较低的利率之所以能够为投资者接受，主要是因为可转换债所附的转换权。目前，国内可转换债大多采取逐年递增的票面利率，并且有的可转换债发行公司会规定利率补偿条款，即对持有期间未转股的持有人给予一定的利率补偿。

到期期限及转换期：根据法规规定，可转换债的到期期限为 3 ~ 6 年，转换期为可转换债发行结束 6 个月后开始，截止到到期日。

转股价格及其调整条款：转股价格是由发行人规定，将可转换债转换为股票时需要支付的价格。另一个与转股价格有关的概念是转换比率。转换比率的计算公式为：转换比率 = 单位可转换债的面值/转股价格。转股价格调整条款是指在可转债存续期间公司有分红派息、发行新股及配股、送股及转增资本的条件下，可以对转股价格做适当的调整。

转股价格向下修正条款：当股价持续下跌，并且下跌达到一定幅度时，发行人有权或者必须调整转股价格来保护可转换债持有者的投资利益，减少因股票价格下跌造成的期权价值的减少。

赎回条款：该条款是指当股价远远超过转股价时，可转换债的发行公司有权以一定的价格赎回可转换债。该条款有利于可转换债的发行人，在一定程度上限制了投资者的盈利空间，降低了可转换债的投资价值。

回售条款：该条款赋予可转换债的持有人在股价连续一段时间内低于转股价达一定程度时，可转换债持有人可以以规定的价格，将可转换债卖给发行人，收回资金。该条款保护了可转换债持有人的利益，增加了可转换债的投资价值。

4. 可转换债的价值

可转换债的持有人选择在约定的时间内转换成股票，享受股利分配或资本增值，这是可转换债股性赋予的转股价值，可转换债的持有人选择持有债券到期，获取公司还本付息，这是可转换债赋予的纯债价值。

（三）可交换债与可转换债的比较

可交换债与可转换债仅一字之差，在基本属性上也极为一致，均可拆分为债券与期权的组合。但正是由于这一字之差，使之成为两种不尽相同的品种。

首先就发行人而言，可交换债的发行人为上市公司的股东，而可转换债的发行人为上市公司本身。其次所含的期权标的也不相同，可交换债的有权兑换发行人所持的上市公司股票，而可转换债是可以兑换发行人自己的股票。正是因为这样的设计，对于投资者与发行人，换股或是不换股所产生的影响也有所不同。

对于可交换债或可转换债而言，到期投资者如果选择不换股，那么发行人必须按照事先的约定还本付息。但由于这两类债券都含有期权属性，因此债券的票面利率一般明显低于同期限普通债券，即使最终换股不成功，发行人仍然实现了一笔低成本的融资，对发行人来说仍是有利的。但投资人一旦选择换股，影响略有不同。

对于传统可转换债，投资者所要交换的股票需要发行人进行增发来满足，这将造成股权的稀释。而可交换债的交换标的由于并不是发行人自身的股票，而是所持有的股票，为存量资产，因此不仅不存在股权稀释的问题，而且可以帮助发行人达到顺利减持的目的。并且通过发行可交换债来减持股票比直接在二级市场抛售股票对股价的影响显然要小得多。

可交换债与可转换债的具体区别如表 4 所示。

表 4　　可交换债与可转换债的具体区别

	可交换债	可转换债
发行方式	分为公开发行和私募两种形式	通常为公开发行
发行主体	上市公司股东	上市公司
存续期限	1 ~6 年	3 ~6 年
换/转股价	公募可交换债的转股价格不低于公告募集说明书日前 20 个交易日公司股票均价和前一个交易日的均价 私募可交换债的换股价格不低于发行日前一个交易日可交换股票收盘价的 90% 以及前 20 个交易日收盘价的均价的 90% 上市公司国有股东发行的可交换公司债券交换为上市公司每股股份的价格不低于债券募集说明书公告日前 1 个交易日、前 20 个交易日、前 30 个交易日该上市公司股票均价中的最高者	转股价较正股前 20 日和前 1 日均价上浮幅度很小，以便顺利发行并尽早实现转股

续 表

	可交换债	可转换债
票面利率	一般不超过银行同期存款的利率水平	一般不超过银行同期存款的利率水平
换/转股意愿	根据条款的设置而不同，若发行可交换债的目的是为减持标的股票，则有较强的换股意愿，一般情况下相对较弱	有较强的促进转股意愿
转换期	公募为自发行之日起 12 个月后，私募为自发行之日起 6 个月后	自发行之日起 6 个月后
股权稀释	存量股权的转移，对现有股权没有稀释效应	对正股产生压力，增加二级市场股票实际流通市值，尤其是对交易量较小的创业板股
发行条件	公司最近一期末的净资产额不少于人民币 3 亿元；公司最近 3 个会计年度实现的年均可分配利润不少于公司债券一年的利息；本次发行后累计公司债券余额不超过最近一期末净资产额的 40%（仅适用于公开发行，私募无具体要求）	最近 3 年连续盈利，且最近 3 年净资产利润率平均在 10% 以上；可转换公司债券发行后，资产负债率不高于 70%；累计债券余额不超过公司净资产额的 40%；核查在最近三年特别在最近一年是否以现金分红，现金分红占公司可分配利润的比

续　表

	可交换债	可转换债
		例，以及公司董事会对红利分配情况的解释以及发行人最近三年平均可分配利润是否足以支付可转换公司债券一年的利息等
换/转股溢价	一般有明显的换股溢价	一般转股溢价较低
转股价修正	事先约定交换价格及其调整、修正原则，若修正则必须事先补充提供预备用于交换的股票	因配股、增发、送股、分立及其他原因引起发行人股份变动的，应同时调整转股价格
抵押担保方式	上市公司大股东发行可交换债要以所持有的用于交换的上市的股票做质押品，除此之外，发行人还可另行为可交换债提供担保	发行可转换公司债券，要由第三方提供担保，但最近一期未经审计的净资产不低于15亿元的公司除外
赎回与回售	可规定上市公司股东赎回股份的条件和价格，可规定债券持有人回售债券的条件和价格	可规定上市公司股东赎回股份的条件和价格，可规定债券持有人回售债券的条件和价格
交易市场	上交所、深交所、机构件私募产品报价与服务系统、证券公司柜台转让	上交所、深交所

二、可交换债与可转换债市场情况

（一）可交换债市场情况

1. 可交换债的发展历史

证监会在2008年发布了《上市公司股东发行可交换公司债券的规定》，当时意在借助可交换债的特性解决大小非减持的问题，为大小非提供融资途径，并通过市场机制解决股权卖出时机问题，从而减小对股市的冲击。在2009年，健康元一马当先，欲推出第一单，但最终无疾而终。鉴于股权抵质押法律瑕疵，其后可交换债一直无人问津。

2013年5月底，深交所发布《关于开展中小企业可交换私募债券试点业务有关事项的通知》。2013年10月底，福星药业可交换债发行，成为我国首单可交换债。其结局也比较“圆满”，已于2014年全部完成换股，投资者收获颇丰。

有了福星药业的首秀，海宁国资、歌尔集团也先后发行了私募可交换债。随着时间的推移，我国可交换债发展的背景已不是

“大小非减持”，而是在盘活存量的背景下，可交换债被赋予新的内涵，实现对存量股权的盘活。但由于私募产品规模影响毕竟有限，市场也在期待第一单公募可交换债的现身。

2014 年年底，首只公募 EB 登场，该 EB 毫无悬念以票息区间下限发行，并在二级市场大受追捧。随后，天集、清控、国盛、国资等公募 EB 先后发行，规模上一度超越传统转债。而自 2016 年起，私募 EB 逐渐成为发行人、投资者都格外关注的品种。同时，其逐渐形成偏股型、偏债型两大类别。新玩法也层出不穷，定增与私募 EB 的结合渐成“套路”。

2. 2016 年可交换债的发行情况

2016 年，在纯债收益率下降、债券市场剧烈波动的背景下，EB 市场持续升温，发行项目家数和规模均保持快速增长态势，市场新进的投资机构数量也在不断增加，市场呈现出供需两旺的势头。

2016 年全年，在交易所发行的可交换债共有 69 只，发行规模 668.29 亿元，较 2015 年的发行规模 159.03 亿增幅约 220%。就可交换债的种类而言，其中小公募 EB 共有 3 只，发行规模合计 83 亿元，私募 EB 共 66 只，发行规模合计 585.29 亿元；就可交换债的发行场所而言，深交所共有 49 只，占比 71.01%，上交所共有20只，占比29.99%。

对于公募EB而言，其发行速度要慢得多。一方面，走公募公司债通道不比私募EB程序简易。另一方面，由于公募EB的发行与二级市场情况息息相关，发行人需要选择时机，监管机构也更为关注（尤其是资金面敏感时期）。

从发行人的类别上看，国企股东占据了公募EB的较大比重（包括宝钢EB、国盛EB、国资EB和皖新EB）。总体上，公募EB的条款一方面票息水平较低（发行时无疑会落在询价区间下限），这是由转债和公募EB市场长期偏紧的供给决定的；另一方面，即便是能接受减持的发行人，在高企的二级市场估值下，也有动力借机抬高换股价。当然，对于国企股东，较高的换股价也免除了国有资产流失的嫌疑。

对于私募EB而言，从发行额数据来看正在经历一个爆发期。究其原因，旺盛的市场需求给了发行人更多空间。同时，随着案例积累，发行人也逐渐加深了对私募EB的了解。私募EB的发行人按发行目的主要分化为减持型和融资型两大阵营。减持型（偏股型）即发行目的为减持股票，实现套现，这类发行人经常是刚刚参加过定增，或者定增、IPO资金解禁，而直接减持可能对股价负面影响较大（而即便减持，这类发行人仍持有不少标的股票，甚至股权是这些发行人的主要资产）。而融资型（偏债型）的发行人一般设置较高的换股价，从条款便可看出对换股诚意不高。这些发行人设置换股条款更多是为了增强债券吸引力，以便成功发行（并尽量降低成本）。目前来看，这类发行人主要来自传统行业。

可交换债历史发行情况，图 1 所示。

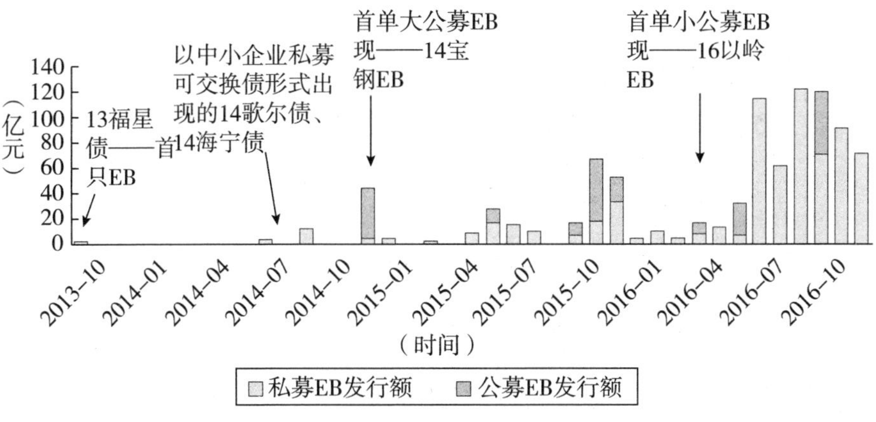

图 1　可交换债历史发行情况

（二）可转换债市场情况

1. 可转换债的发展历史

中国的可转换债市场至今仅有十几年的发展历史，仍处于起步阶段。1992 年 11 月，深圳安宝公司发行了中国的第一只可转换债——深宝转债，标志着中国可转换债市场发展的开端。但在

1996年以前，可转换债一直没有引起关注。直到1997年3月25日，证监会发布了《可转换公司债券管理暂行办法》，随后批准了南宁化工、吴江丝绸和茂名石化成为首批发行可转换债的试点企业。但由于企业发行可转换债融资动机的偏差，以及运作程序方面的不完善，使可转换债在国内的表现一直比较低迷，可转换债市场上可供选择的可转换债的种类有限。

2001年4月，证监会颁布了《上市公司可转换公司债券实施办法》及相关的配套文件，规定了上市公司发行可转换债的条件。这一文件的出台具有里程碑的意义，引发了上市公司发行可转换债的热潮，使我国可转换债市场迅速发展，进入了一个新的发展阶段。2002年我国共有5家上市公司发行了可转换债，筹集资金达41.5亿元；2003年共有16家上市公司发行了可转换债，筹集资金高达185.5亿元，超过了同期上市公司增发、配股的再融资金额，首次成为筹资规模最大的再融资方式；2004年我国可转换债市场的融资金额达历史高峰，共有12家上市公司发行了可转换债，筹集资金达到209.03亿元，远高于上市公司增发、配股的再融资额，再次成为上市公司第一大再融资方式。

2005年中国资本市场股权分置改革，IPO、增发、配股及可转换债等融资方式全部暂停，因此当年没有发行新的可转换债。同时受股改影响，导致可转换债市场的融资规模大幅缩水。2006

年 5 月 7 日，证监会发布了《上市公司证券发行管理方法》，对可转换债的发行做出了进一步规范。该办法不仅降低了可转换债的发行门槛，而且允许上市公司公开发行认股权和债券分离交易的可转换债券（简称可分离债券），丰富了可转换债的投资品种，增加了公司的融资渠道，对证券市场的发展起到了重要作用。2006 年 7 月，柳化转债的发行，标志着股改后可转换债市场的重启，2006 年下半年我国可转换债筹资额达 43.87 亿元。2007 年，股票市场的动荡以及资本市场的过剩的流动性，都为可转换债市场的发展提供了良好的机遇，总发行额高达 106.48 亿元。而 2008 年受金融危机的影响，可转换债的发行规模及发行数量都有所下降，总发行额为 77.2 亿元。

随着 2009 年以来的流动性扩张和政策支持，可转换债市场在 A 股大幅上涨带动下也出现了大幅上涨，持有人转股套利行为造成可转换债市场存量明显下降，供不应求的市场格局更推动可转换债价格上涨。2009 年至 2010 年 5 月，在 A 市场发行的可转换债都吸引了较大规模的认购资金；2010 年 5 月 31 日中国银行正式启动的 400 亿元 A 股可转换债发行成为中国资本市场最大规模的可转换债发行。中行可转换债和随后工商银行 250 亿元可转换债的发行有效扩大了可转换债的市场容量，增强了市场的交易活跃程度，可转换债市场正式进入大盘转债时代。2011 年下半年开始，民生银行、中国石化、中国平安等大型机构再次选择可转换债作为其融资工具，其发行规模分别达到200亿元、230亿元和260亿元，转债市场规模在2011年突破千亿元。2013年共有8只新发行的可转换债融资545亿元，2014年共有13只新发行的可转换债融资321亿元，市场在2014年年底的牛市初期达到接近1700亿元的巅峰值；但是随着2014年年底“疯牛”来临，中行、工行、民生、石化和平安等大盘转债在内的存量券种相继触发赎回而转股。而新券发行远远跟不上赎回进度，转债规模一度缩水至150亿元附近。2015年，随着股市大幅调整，转债的发行节奏也被打乱，一度处于暂停状态。而当股市逐步恢复正常，转债一级市场也在IPO之后恢复。同时，略超市场预期的是，银行转债似乎要“卷土重来”。目前，合计面值约1040亿元的转债等待发行（包括800亿元的银行转债）。

2. 2016年可转换债的发行情况

2016年的可转换债市场跌宕起伏，一月受股市熔断拖累，随大盘经历大跌，二月、三月企稳回升，三季度维持温和上扬态势，年尾由于债市快速调整的影响展现小幅下跌，随即企稳。2016年全年上证转债指数下跌约8.97%，与上证综指基本一致。

就可转换债的发行情况来看，2016年可转换债发行项目共计

12 起，募集资金 226. 52 亿元，平均发行规模为 18. 87 亿元。从总体募集规模来看，同比增长 141. 49%；从平均发行规模来看，同比下降 39. 63%。

2016 年，转股溢价和平均年利率仍处低位，分别为 1. 64% 和 1. 99%，平均到期补偿利率为 5. 24%。从溢价率来看，75% 以上的项目转股溢价均低于 0. 2%；从规模来看，发行规模在 20 亿元以下的项目占 60% 以上；从评级来看，大部分已发行项目都在 AA 和 AA +。

2016 年已发行的可转换债融资主要集中于资本货物、汽车与汽车零部件和运输行业。12 家发行企业中，8 家公司为民营企业，4 家为地方国有企业。

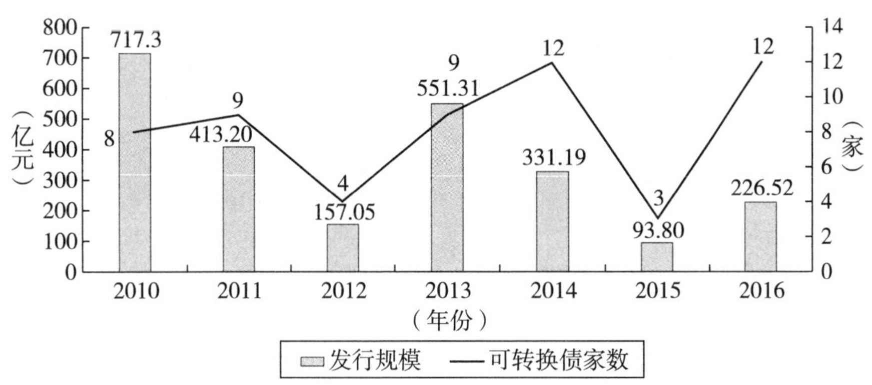

图 2　2010—2016 年可转换债市场发行情况

2016 年可转换债预案主要集中于银行、多元金融和资本货物行业。其中，银行业预计募集资金800亿元，包括中信银行、光大银行及宁波银行。

三、私募可交换债案例分析

（一）三一集团两期私募可交换债条款

表5　　三一集团两期私募可交换债条款

	16三一EB	三一02EB
发行期限	3+3 投资者回售选择权：债券持有人有权选择在本期债券第3个计息年度付息日将其持有的本期债券未换股部分的全部或部分面值回售给公司	
利率	3.6%	3.0%
初始转股价格	7.5	7.5
起息日期	2016年7月4日	2016年10月13日
转股价较发行前一日收盘价溢价	48.81%	35.14%
转股价格调整原则	当标的股票发生送红股、转增股本、增发新股或配股以及派发现金股利等情况时，发行人将按上述条件出现的先后顺序，依次对换股价格进行累积调整，具体调整办法如下：设调整前换股价为P_0，每股送股或转增股本率为N，增发新股	

续 表

	16 三一 EB	三一 02EB
	或每股配股率为 K，增发新股价或配股价为 A，每股派发现金股利为 D，调整后换股价为 P_1（调整值保留小数点后两位，最后一位实行四舍五入），则派送股票股利或转增股本：$P_1=P_0/(1+N)$；增发新股或配股：$P_1=(P_0+A\times K)/(1+K)$；上述两项同时进行：$P_1=(P_0+A\times K)/(1+N+K)$；派送现金股利：$P_1=P_0-D$；上述三项同时进行时：$P_1=(P_0-D+A\times K)/(1+N+K)$。标的股票公司出现上述送红股、转增股本、增发新股或配股以及派发现金股利等股份和/或股东权益变化时，发行人按交易场所要求及时披露《可交换债券换股价格调整公告》，并于公告中载明换股价格调整日、调整办法及暂停换股时期（如需）；当换股价格调整日为本期可交换债券持有人换股申请日或之后，转换股份登记日之前，则该持有人的换股申请按公司调整后的换股价格执行	
转股期间	2017 年 1 月 9 日至 2022 年 7 月 4 日（发行 6 个月后）	2017 年 4 月 18 日至 2022 年 10 月 13 日（发行 6 个月后）
特别向下修正条款说明	（1）修正条件及修正幅度在本可交换债换股期内，当标的股票在任意 30 个连续交易日中至少 20 个交易日的收盘价格低于当期换股价格的 70% 时，发行人董事会有权决定换股价格是否向下修正 （2）修正程序如发行人董事会决定向下修正换股价格，发行人在董事会决议后第 1 个交易日披露《可交换债券换股价格修正公告》，并于公告中载明换股价格修正生效日、修正办法、暂停换股时期（如需）、可用于换股的股份不足的解决方案、赎回程序。因换股价格向下修正造成专用证券账户的股票数量少于本期可交换债券余额全部换股所需股票的 110% 时，发行人在换股价格修正日之前补充提供预备用于交换的股票	

续 表

	16 三一 EB	三一 02EB
换股期前赎回条款	进入换股期前：发行人不在本期债券进入换股期前进行赎回	
换股期赎回条款	换股期内，当下述情形的任意一种出现时，发行人有权决定按照债券面值加当期应计利息的价格赎回全部或部分未换股的本期可交换债券：①在换股期内，如果标的股票在任何连续 30 个交易日中至少 15 个交易日的收盘价格不低于当期换股价格的 130%（含 130%）；②当本期发行的可交换债未转股余额不足 3000 万元时。当期应计利息的计算公式为 $IA = B \times i \times t/365$。$IA$ 指当期应计利息；B 指本期发行的可交换债券持有人的将赎回的可交换债券票面总金额；i 指可交换债券当年票面利率；t 指计息天数，即从上一个付息日起至本计息年度赎回日止的实际日历天数（算头不算尾）。若在前述 30 个交易日内发生过转股价格调整的情形，则在调整前的交易日按调整前的换股价格和收盘价格计算，调整后的交易日按调整后的换股价格和收盘价格计算	

1. 投资者回售选择权

此条款为投资者回售选择权条款，而非回售条款。债券持有人有权选择在本期债券第 3 个计息年度付息日将其持有的本期债券未换股部分的全部或部分面值回售给公司。回售选择权是一个在一般公司债中比较常见的条款，一般和票面利率选择权成对出现。

三一集团两期可交换债设置的投资者回售选择权赋予了投资者权力，即在市场利率大幅上行的时候，本期债券具有3年期债券的特性，因为可以在第3年末的时候提前回售给发行人；在市场利率大幅下行的时期，又具有6年期债券的特性，即投资者可以选择继续持有债券，不将债券回售。

此外，对于发行人来说，3+3特殊条款的设定，给予了发行人以3年期的利率发行一个6年期的债券的机会。

2. 特别向下修正条款

向下修正条款是可交换债中比较普遍的条款。特别向下修正条款满足了在股价下行时，发行人仍希望通过换股以达到减持和减轻偿债负担的目的。同时，有利于投资者在股价下行时，仍有机会通过换股实现超额收益。

向下修正换股价格是发行人的权利，可选择行使或者不行使。因本次方案没有设定投资者回售条款，因此当标的股票在股价大幅下跌时，即便发行人没有向下修正换股价格，发行人也不会面临被投资者强制回售的情况。

3. 换股期前赎回条款

从发行人角度出发，本期债券未设置换股期前赎回条款，以保留发行人在高价减持的机会。

4. 换股期赎回条款

从发行人角度出发，三一集团两期可交换债均设置了赎回条款，赋予发行人按照债券面值（100% +应计利息）赎回部分或全部为换股的债券的权利，在二级市场股价表现较好时，对可交换债向上的空间形成约束。赎回条款的设置也能促进投资者换股，投资者往往在赎回条款触发前进行转股。

“本期发行的可交换债间转股余额不足3000万元时”是可交换债的常见条款，以减轻发行人在发行后进行持续跟踪及信息披露的压力。

5. 回售条款

回售条款是可交换债、可转换债普遍设置的条款。但回售条款的使用制约了特别向下修正条款，回售条款的存在使发行人在行使或不行使向下修正条款方面受到制约：由于回售条款的存在，当标的股票股价大幅下跌时不向下修正换股价格，发行人将面临被投资者强制回售的情况。

在标的股票股价大幅下行的情况下，如果投资者无法通过换股实现超额收益，除了获得票面收益外，通过回售条款可获得一定的收益补偿。

（二）私募可交换债的多种形式

1. 作为并购对价的15首旅EB

（1）首旅酒店私有化如家的方案。

2016年7月，首旅酒店公告了其私有化如家的具体方案。本次重组的方案具体分为下列三个步骤：

①首旅酒店通过设立境外子公司，以合并方式向如家酒店集团非主要股东支付现金对价，获得如家酒店集团65.13%的股权，实现如家酒店的私有化。

②首旅酒店向首旅集团等8名交易对方发行股份购买Poly Victory 100%股权和如家酒店集团19.60%股权，并募集配套资金38.73亿元。

③首旅酒店向沈南鹏等人发行私募可交换债，沈南鹏等人通过换股的方式获得首旅酒店合计约8%的股份。

（2）15首旅EB。

首旅酒店股东首旅集团于2015年12月25日完成了3.43亿元私募可交换债“15首旅EB”的发行，期限为3年，票面利率0.095%，初始换股价格为18.55元/股，换股期自可交换债发行结束之日起满6个月后的第1个交易日起至可交换债到期日止。

北京首旅酒店（集团）股份有限公司2016年7月披露："中信证券国际投资管理（香港）有限公司[①]通过其管理的QFII（合格境外机构投资者）专户账户、南方东英资产管理有限公司[②]通过其管理的RQFII（人民币合格境外机构投资者）基金、华泰证券（上海）资产管理有限公司[③]发行的五个定向资产管理计划对上述可交换债进行认购。其中，沈南鹏通过其控制的BVI公司Supreme Choice Holdings Limited认购上述中信证券国际投资管理（香港）有限公司管理的QFII专户账户，携程香港认购南方东英资产管理有限公司管理的RQFII基金，王碧君（梁建章的母亲）、孙坚、金蕊文（如家酒店集团首席战略官吴亦泓的母亲）、李向荣（如家酒店集团首席财务官）、宗翔新五人分别认购上述五个定向资产管理计划。根据中信证券国际投资管理（香港）有限公司管理的QFII专户账户、南方东英资产管理有限公司管理的RQFII基金、华泰证券（上海）资产管理有限公司发行的五个定

① 本次重组交易的独立财务顾问中信证券股份有限公司关联方。

② 本次重组交易的独立财务顾问华泰联合证券有限责任公司关联方。

③ 本次重组交易的独立财务顾问华泰联合证券有限责任公司关联方。

向资产管理计划的投资意向及按照 18.55 元/股的转股价格，中信证券国际投资管理（香港）有限公司通过管理的 QFII 专户账户认购的可交换债如果转股后占首旅酒店现有股权的 1.98%，南方东英资产管理有限公司管理的 RQFII 基金认购的可交换债如果转股后占首旅酒店现有股权的 3.82%，华泰证券（上海）资产管理有限公司发行的五个定向资产管理计划认购的可交换债如果转股后占首旅酒店现有股权的比例分别为 0.11%、0.65%、0.72%、0.43%、0.28%。”

由于私募可交换债的认购对象必须为合格机构投资者，故沈南鹏等个人只能通过中信证券国际 QFII 账户、南方东英 RQFII 账户以及华泰证券资管的定向资产管理计划认购 15 首旅 EB。如图 3 所示。

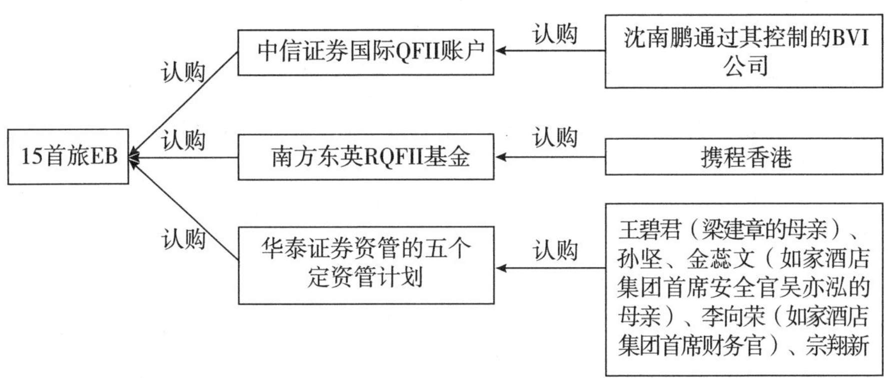

图 3　15 首旅 EB 认购方结构示意

由于私募可交换债条款设置相对灵活，发行条件及审批限制等方面要求较少，因此可以应用在并购方案中。

2. 作为上市公司并购中融资手段的16赛纳01、16赛纳02

2016年4月21日，艾派克（002180. SZ）发布公告，公司联合太盟投资及君联资本共同设立开曼子公司Ⅰ，然后开曼子公司Ⅰ设立开曼子公司Ⅱ，后者在美国特拉华州设立合并子公司用于本次合并交易。合并完成后合并子公司将停止存续，Lexmark（利盟）作为合并后的存续主体。本次交易的内含企业价值约为40.44亿美元，包括全部股权总估值约27亿美元（以交易交割日实际支付金额为准），9.14亿美元的Lexmark全部带息债务和4.3亿美元的Lexmark潜在负债事项的预算。

在开曼子公司Ⅰ层面，艾派克、太盟投资和君联资本均以现金方式出资，总计拟出资23.2亿美元或等值人民币，其中，艾派克拟出资11.9亿美元（或等值人民币）、太盟投资拟出资9.3亿美元（或等值人民币）、君联资本拟出资2亿美元（或等值人民币）。开曼子公司Ⅰ将上述23.2亿美元用于向开曼子公司Ⅱ出资，开曼子公司Ⅱ再将此23.2亿美元向合并子公司出资。剩余的不足款项将由开曼子公司Ⅱ和合并子公司向银行贷款取得，目前公司已经取得中国银行和中信银行的并购贷款承诺函共计15.8

亿美元授信。

根据艾派克2016年5月公告的《珠海艾派克科技股份有限公司重大资产购买报告书（草案）（修订稿）》：

“艾派克11.90亿美元的现金出资来源为：自有现金以及控股股东赛纳科技提供的股东借款。根据上市公司2016年1季度未经审计的财务报告，截至2016年3月31日，上市公司的货币资金账面金额约为15.07亿元，扣除募集资金及必要的营运资金外，其中7亿元可以作为现金出资，约合1.08亿美元。除此之外，约10.82亿美元拟通过控股股东赛纳科技的股东借款筹集。

股东借款预计主要来自于赛纳科技自有资金及通过其所持有的上市公司股票进行融资筹集。根据控股股东赛纳科技2016年1季度未经审计的财务报表，截至2016年3月31日，赛纳科技的货币资金账面金额约为19.45亿元，其中19亿元可借予上市公司，约合2.94亿美元。此外，控股股东赛纳科技可通过发行可交换债融资等形式融资。按照目前市场一般水平，经测算，赛纳科技可通过可交换债融资约52亿元，加上其自有现金19亿元，共计71亿元，约合10.97亿美元，满足上市公司10.82亿美元（约合70亿元）的出资需求。同时，赛纳科技尚有未质押股票17511万股，约占上市公司总股本30.77%。”

因此，艾派克本次并购Lexmark的融资方案为：自有资金+

PE 投资 + 银行贷款 + 股东借款 + 发行 EB。

2016 年7 月和9 月，艾派克控股股东赛纳科技分别完成了16 赛纳01 和16 赛纳02 的私募可交换债的发行，发行规模分别为29. 7 亿元及30. 3 亿元，票面利率均为4. 5%。如表6 所示。

表 6　　16 赛纳私募可交换债发行情况

	发行规模（亿元）	票面利率	换股起始日	到期日期	初始转股价（元/股）	最新转股价（元/股）
16 赛纳01	29. 7	4. 5%	2017 – 01 – 28	2018 – 07 – 28	57. 15	57. 15
16 赛纳02	30. 3	4. 5%	2017 – 10 – 09	2018 – 10 – 09	57. 15	57. 15

艾派克本次收购 Lexmark 的交易结构如图4 所示。

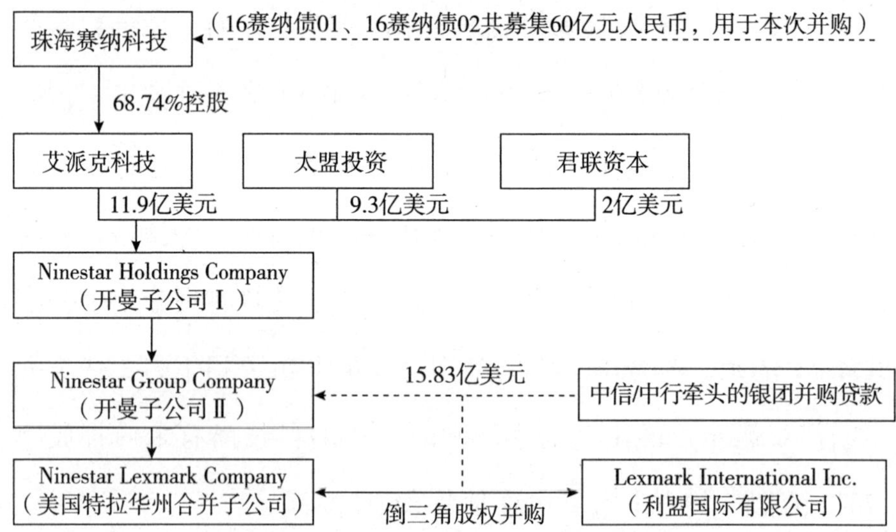

图4　艾派克本次收购 Lexmark 的交易结构

3. 中珠医疗二股东通过并购取得的股份通过可交换债减持：16 体 EB01、16 体 EB02

2016 年 2 月 24 日，中珠医疗（前中珠控股）通过非公开发行股份的方式购买了一体集团等 3 名交易对方合计持有的一体医疗 100% 股份，一体集团由此获得了中珠医疗 15.07% 股权（现稀释为 13.50%），并成为第二大股东。

根据一体集团的承诺：自股份上市之日起 12 个月内不得以任何形式转让；自股份上市之日起 24 个月内，转让不超过本次认购股份数量的 40%；自股份上市之日起 36 个月内，转让不超过本次认购股份数量的 60%；剩余股份可在股份上市之日起第 36 个月之后进行转让。即自 2016 年 2 月 24 日至 2017 年 2 月 24 日，一体集团不可转让中珠医疗的股份，自 2017 年 2 月 25 日至 2018 年 2 月 24 日，一体集团可转让股份数量不超过 38428642 股；自 2018 年 2 月 25 日至 2019 年 2 月 24 日，一体集团可转让股份数量不超过 19214321 股，自 2019 年 2 月 25 日起，一体集团所持有的中珠医疗的全部股份可全部转让。如表 7 所示。

一体集团于 2016 年 8 月至 9 月间完成了 16 体 EB01 和 16 体 EB02 的发行，发行规模分别为 4 亿元和 6 亿元，转股价格均为 21.27 元/股，转股起始日分别为 2017 年 2 月 26 日和 2019 年 2 月

表 7　　一体集团股份发行情况

序号	股东名称	发行股份（股）	限售期	限售截止日
1	一体集团	38428643	12 个月	2017 年 2 月 24 日
2	一体集团	19214321	24 个月	2018 年 2 月 24 日
3	一体集团	38428643	36 个月	2019 年 2 月 24 日

25 日。以初始转股价格计算的话，一体集团通过 16 体 EB01 和 16 体 EB02 转换的股数分别为 18805829 股和 28208744 股，预计为其现持有的股比分别为 19.57% 和 29.36%。即到了 2017 年 2 月 26 日（16 体 01 转股起始日），一体集团转让股份数量不超过其承诺的本次认购股份数量的 40%，到了 2019 年 2 月 25 日，一体集团所认购的全部股份均可减持。

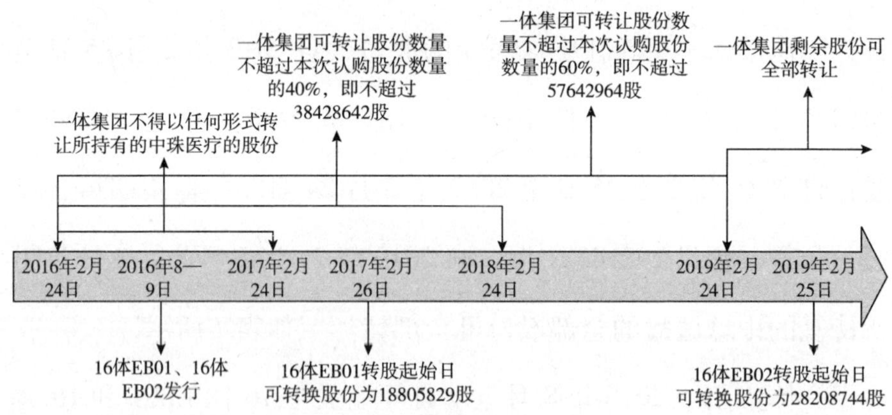

图 5　一体集团可转让股情况

4. 控股股东私募可交换债＋上市公司可转换债：歌尔转债与 14 歌尔债

歌尔股份控股股东歌尔集团于 2014 年 9 月完成了其 12 亿元私募可交换债 14 歌尔债的发行，歌尔股份于同年 12 月完成了歌尔转债的发行。歌尔集团配售了 537.5 万张歌尔转债（相当于 5.375 亿元）。

14 歌尔债的转股起始日为 2015 年 3 月 19 日，歌尔转债的转股起始日为 2015 年 6 月 19 日。截至目前，通过 14 歌尔债转股，歌尔集团已减持股数为 39902649 股，如果 14 歌尔债以当前转股价全部实现转股，歌尔集团预计减持股数为 42105263 股。如果歌尔转债以当前转股价完全实现换股，歌尔集团预计增持股数为 20491803 股。

歌尔转债的到期日在 14 歌尔债到期日后的三年，所以歌尔股份控股股东歌尔集团通过 14 歌尔债的减持以及通过歌尔转债的增持不会触及《证券法》中六个月的短线交易。

歌尔集团可以通过高价（28.5 元/股）减持，低价（26.23 元/股）增持完成套利。粗略的盈利计算如下（仅考虑了 25% 所得税，未考虑其他相关费用）：

$(28.5 \times 42105263 - 26.23 \times 20491803) \times (1 - 25\%) =$

496875002.11 元（约 4.97 亿元）

表 8　　　　　　　　14 歌尔债与歌尔转债

	发行规模（亿元）	起息日期	最新换股价（元/股）	转股起始日	到期日期
14 歌尔债	12	2014－09－10	28.50	2015－03－19	2017－09－10
歌尔转债	25	2014－12－12	26.23	2015－06－19	2020－12－12

歌尔转债及 14 歌尔债发行前，歌尔集团持有歌尔股份的股数为 429900000 股，占总股本比例为 28.16%。假设 EB 和 CB 全部完成换股后，歌尔集团将持有歌尔股份 408286540 股，届时歌尔集团所持股份占总股本的比例为 25.18%。如表 9 所示。

表 9　　　　　　　　CB、EB 换股情况

	歌尔集团持有歌尔股份股数（股）	总股本（股）	歌尔集团占总股本的比例（%）
CB、EB 换股前	429900000	1526430119	28.16
假设 EB 全部换股	387794737	1526430119	25.41
假设 CB 全部换股	408286540	1621740832	25.18

5. 底价定增＋高价减持：16 东集 EB、16 东集 01

2013 年 4 月，东旭光电控股股东东旭集团以 9.69 元/股

的价格，认购了东旭光电非公开发行股份 1.30 亿股，共计出资 12.60 亿元。东旭集团认购部分股份于 2016 年 4 月 18 日解禁。

东旭光电于 2015 年 1 月 28 日公告了其《2015 年度非公开发行股票预案》，该预案于 2015 年 9 月通过中国证券监督管理委员会发行审核委员会，并于 2015 年 10 月取得中国证券监督管理委员会核准批文。东旭光电于 2015 年 12 月公告其完成了 2015 年度非公开发行，东旭光电控股股东东旭集团最终认购金额为 30 亿元，认购价格为 6.82 元/股，锁定期为 36 个月，限售股份解禁日为 2018 年 12 月 17 日。

2015 年 6 月，东旭光电发布公告，其控股股东东旭集团拟发行私募可交换债；2015 年 6—7 月，控股股东东旭集团完成了两期私募可交换债（15 东集 EB 和 15 东集 01）的发行，共募集资金金额 31 亿元。15 东集 EB 于 2016 年 6 月 23 日可以开始转股（后推迟至 2016 年 7 月 28 日），15 东集 01 于 2016 年 7 月 29 日可以开始转股。两只私募可交换债的票面利率均为 7.3%。两只 EB 的初始转股价格均为 12 元/股，后 15 东集 EB 因每股派发现金及经除权除息等换股价格调整机制，转股价调整为 10.47 元/股；15 东集 01 仅因每股派发现金转股价调整为 11.93 元/股。如表 10 所示。

表 10　　15 东集转股情况

	发行规模（亿元）	票面利率（%）	换股起始日	到期日期	初始转股价（元/股）	最新转股价（元/股）	初始转股价较起息日溢价（%）
15 东集 EB	16	7.30	2016-07-28	2017-06-23	12	10.47	2.30
15 东集 01	15	7.30	2016-07-29	2017-07-29	12	11.93	37.77

15 东集 EB 和 15 东集 01 转股开始日前 1 个月，公司不断出现利好消息，私募可交换债债券持有人纷纷转股，控股股东东旭集团顺利减持。截至 2016 年 8 月 19 日，15 东集 EB 的 152817575 股已经全部转股，转股比例 100%。根据 15 东集 01 已

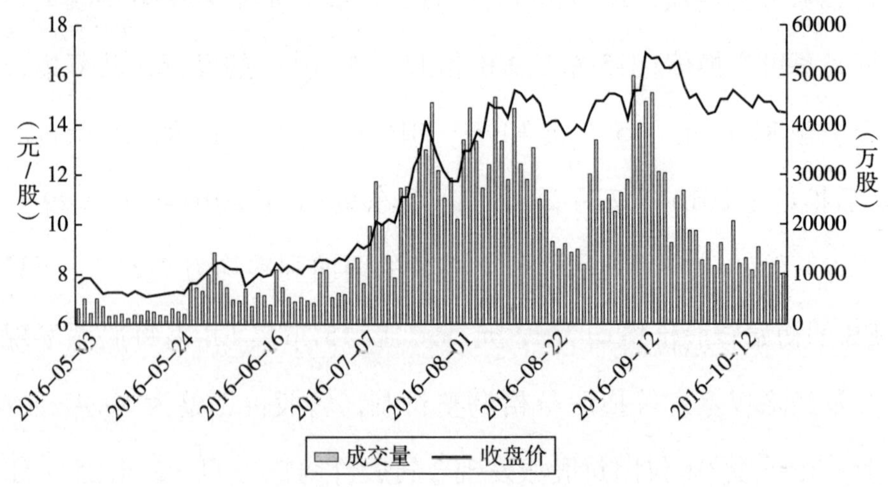

图 6　东旭光电（000413. SZ）2016 年 5—10 月股价

公告数据，截至 2016 年 10 月 13 日，15 东集 01 的未转股余额仅为 9000 万元，已转股数 118189438 股，已转股比例为 94%。（如图 6 所示）

东旭集团于 2013 年通过非公开发行以 9.69 元/股的价格认购的 1.3 亿股股份，分别以 10.47 元的价格减持 152817575 股以及以 11.93 元截至目前减持了 118189438 股。合计将减持股份为 278551020 股（15 东集 EB 已减持的 152817575 股以及 15 东集 01 可以减持的 125733445 股）。鉴于东旭集团私募可交换债完成时间在非公开发行时间之前，东旭集团可以用私募可交换债募集的 31 亿元以 6.82 元/股认购东旭光电 30 亿元非公开发行。东旭集团不仅完成了低价定增的同时高价减持，在认购第二次定增时，完全以可交换债募集资金认购了定增部分股票。

图 7 为东旭光电非公开发行及控股股东两期私募可交换债发

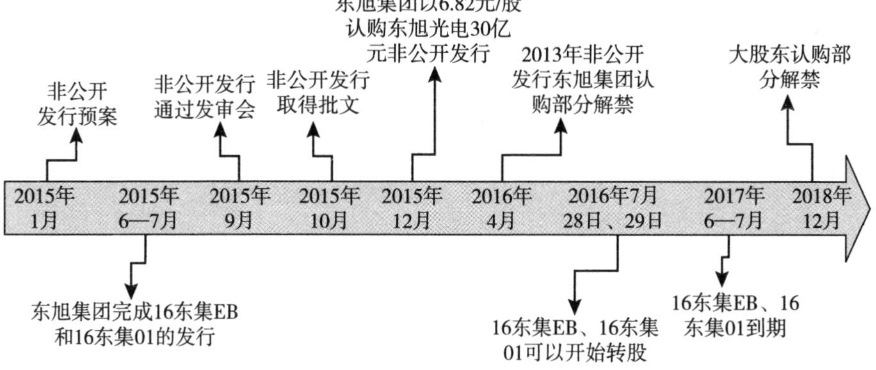

图 7　东旭光电非公开发行及控股股东两期私募可交换债发行时间表

行的时间表，时间轴上方为非公开发行时间表，时间轴下方为两期私募可交换债的时间表。从图 12 中可以看出，东旭集团通过非公开发行增持的股份与 16 东集 EB、16 东集 01 开始转股造成的减持间相距的时间超过 6 个月，超过了《证券法》中的对短线交易六个月的时间要求。

四、境外可交换债与可转换债的介绍

虽然在 A 股市场，可转换债和可交换债市场仍处在发展阶段，境外的可转换债和可交换债市场（统称股权挂钩类产品，或 Equity - linked Product）已经比较普及。

（一）境外股票挂钩产品市场更新

过去一年发行的可交换债整体表现稳定，后市交易情况良好，投资人普遍获利，因此对继续参与此类可交换债发行都保有较高的兴趣。2017 年年初其市场的反弹势头逐步展现，同时：①用以测量投资者对产品兴趣水平的隐含波动率仍旧处于高位；②市场对美联储 2017 年多次加息的预期上升。可交换债产品既能有效控制利率风险，同时又保有股价上涨的潜在收益，是当前环境下全球投资者非常感兴趣的一种资产类别。

当前的市场环境有利于可交换债发行，可交换债产品和股票市场具有强联动性，当国际资本市场展现升息预期，且伴随着上升的股票回报时，期权价值的提升往往远超过债底价值的减少。因此，可交换债这个资产类别预计将在2017年将延续优异的表现，市场将保持积极投资兴致。由于海内外市场整体的加息环境，发债成本预计将逐步走高，未来相信会有很多企业考虑可交换债发行；很多公司希望抢在这波市场热潮前期把握发行窗口。如今市场可交换债产品仍具有稀缺性，特别是信用评级高的中国国企发行的可交换债产品。现在越来越多的中国国企正在研究可转换债发行，所以建议公司尽早把握市场机遇。

（二）主要变量因素影响

境外市场的股权挂钩类产品估值较市场化。可交换债由普通债券（固定收益部分）和买入期权两部分组成。通常固定收益部分占可交换债总价值的85%～95%，称为“纯债券价值”。固定收益部分的价值，即债券保值价值（85%～95%），加上期权部分价值（5% ~ 15%），构成可交换债的总价值（100%）。可交换债在转股前属于发行人的一项债务，在资产负债表上作为一项长期负债列示并支付可在税前抵扣的固定票息和收益率。随着投资者陆续转股，发行人的负债将相应减少，总资产也相应减少到期时，未交换股债券的价值为以下数值中的较大值：

（1）债券的现金赎回价值。

（2）可转换标的股票的市场价值。

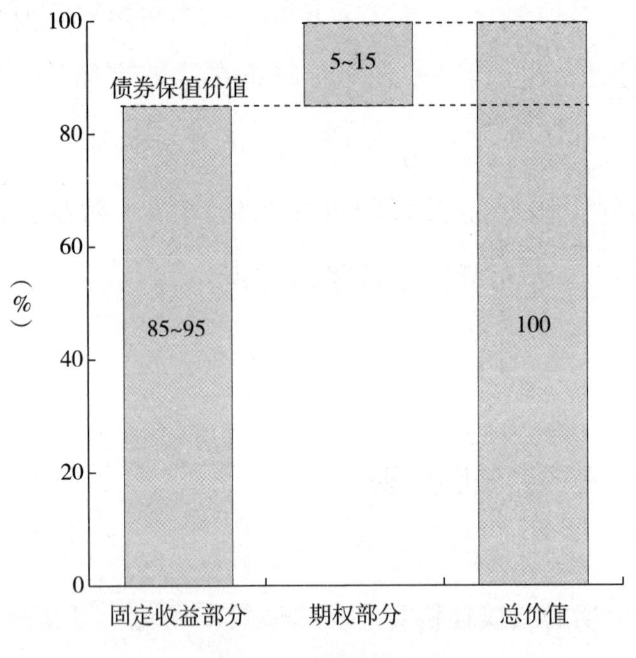

图8　主要变量因素

其中，期权价值方面受股价波动率、借股成本、期权期限、转换溢价等因素影响。债券价值受债券期限、信用利差、票息/

补偿利率、无风险基础利率、货币等因素影响。具体变量因素，如图 9 所示。

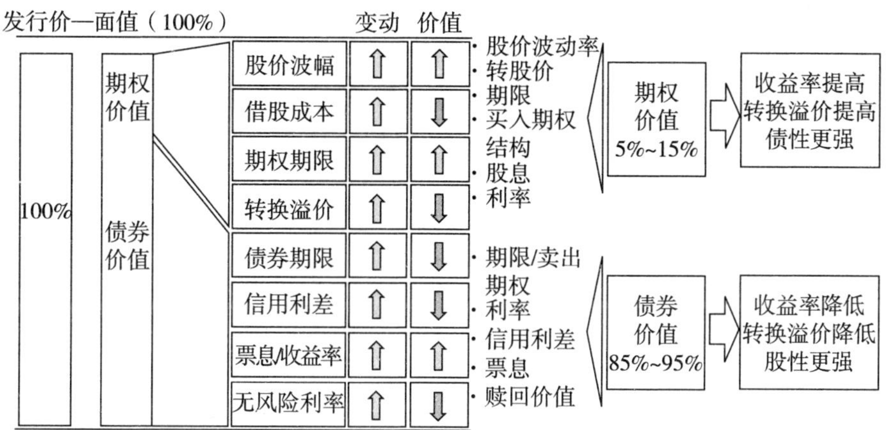

图 9　变量因素

（三）境内外可交换债执行的比较

境内外可交换债执行的比较如表 11 所示。

表 11　　境内外可交换债执行的比较

	境内可交换债	境外可交换债
描述	在境内市场尚属创新产品，第一单可交换债诞生在 2013 年，可交换债市场从 2016 年开始活跃，有助于上市公司股东盘活存量资产、拓宽融资渠道	可交换债诞生于 20 世纪 70 年代，在海外是发行人常用的多元化融资与灵活股权投资管理工具

续 表

	境内可交换债	境外可交换债
监管审批	取决于公募（大公募或小公募）或是私募，需要证监会或交易所的审批。除了私募都对发行人以及标的股票有明文资质要求	境外无须监管机构审批，只需定价前报备交易所，获得原则性批准，且定价后通过交易所的登记。对发行人以及标的股票没有明文资质要求
执行时间	公募：6个月左右 私募：2个月左右	公募快速簿记（ABB）：最短3～5天即可定价，3～4周之后结算 公募普通簿记：一个月左右 私募：发行人和投资者双边协商，短至1周，长至数月
质押式回购	AA级及以上的公募交换债可以进入质押库用于回购融资	无质押式回购
标的股票质押	标的股票需要质押	标的股票无须质押，发行人仅需承诺放到安全账户准备用于转股
评级	大公募必须为AAA级债项评级，小公募一般为AA级及以上债项评级 私募不要求评级	无须评级
价格	由于境内股权市场受宏观政策影响较大，取决于偏股/偏债性结构。 票息0～5%，溢价率5%～70%不等，私募交换债溢价设置的灵活度高于境外	由于境外宏观利率环境，票面利率普遍低于境内（公募0～5%；私募5%～15%）。溢价率5%～50%不等，取决于具体项目资质以及明确的估值体系。私募条款多为发行人和投资者进行双边协商，灵活性较大

续 表

	境内可交换债	境外可交换债
投资者群体	基金是公募可交换债的最主要投资群体 私募可交换债一般为资管或基金专户、券商资管：资金池+博收益、私募基金、券商自营、保险资金	以中国香港、新加坡、欧洲和境外美国机构投资者（长线基金和对冲基金）为主

（四）跨境可交换债的兴起以及未来的发展

2013 年年初，国务院提出“用好增量，盘活存量”的总体要求，鼓励企业通过金融手段，盘活存量资产，支持实体经济转型升级。结合香港资本市场各项目的执行经验及近期国有企业的交易前例，我们主导了市场上第一单以境内公司作为发行人，香港 H 股公司股票作为标的的跨境可交换债。由于此产品可以使发行人通过发行可交换债有序地减持股票，发行人可以通过发行债券获取现金，也可避免标的公司股票因大量抛售致使股价受到冲击。同时，可交换债的换股价格一般高于当前市场价格，因此可交换债实际上为发行人提供了溢价减持目标公司股票的机会。基于此优势，该产品受到了市场和发行人的追捧。相关案例包括最近长江电力在 2016 年 11 月完成的 3 亿美元+2亿欧元的零票息、零收益率双币种可交换债的发行，标的股票为中国建设银行H股；宝钢在2015年年底5亿美元可交换债，实现长达5年期的零利息、零收益率融资，换股价格更较当时股价高38.5%，标的股票同为中国建设银行H股。（如图10所示）

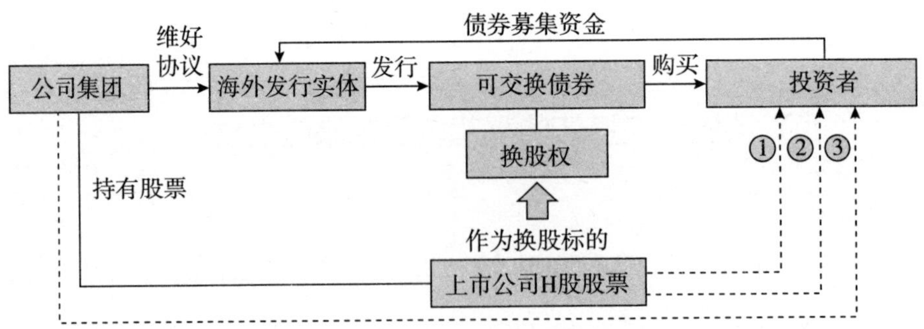

图10　可交换债产品结构示意（发行人所持有的上市公司股票作为换股标的）

注：①投资者行使换股权：可交换债按约定的换股价转换为股票，可交换债注销，股票转入投资者名下。

②债券本息偿付：发行人对于未交换为股票的债券本息进行偿付。

③债券违约：若发行人无法偿还可交换债本息，公司集团按维好协议规定承担责任。

（五）宝钢集团可交换债案例介绍

1. 交易概览

2015年11月24日，宝钢集团有限公司（简称宝钢集团）发行规模为5亿美元的3年期、零票息、零收益率、交换溢价

38.5%的可交换债，交换标的为宝钢集团所持有的部分中国建设银行（“建设银行”）H股（939 HK）。本发行交易使宝钢集团以相对当前市场估值的显著溢价将其持有的20亿股中国建设银行H股中的25%资本化，充分利用当前股票挂钩市场的良好环境进行融资，同时降低其融资成本（零票息、零收益率）。

2. 案例亮点：标志性股票挂钩交易

首宗以H股或中国银行股作为交换标的的海外发行可交换债。

首次在国际股票挂钩市场上运用维好结构进行增信。

2015年溢价最高的中国企业股票挂钩发行；历史上零票息/零收益率结构下溢价最高的中国国企股票挂钩发行。

宝钢集团是唯一一家在国际和中国境内市场上都发行了可交换债的中国国企。

3. 条款概要（如表12所示）

表12　　　　条款概要

发行人	宝钢香港投资有限公司
维好及流动性协议提供人	宝钢集团有限公司
维好及流动性协议提供人评级	A3（穆迪）/A－（标普）/A－（惠誉）

续　表

发行人	宝钢香港投资有限公司
交换标的	中国建设银行 H 股（939 HK）
发行规模/计价货币	5 亿美元
债券期限	3 年期（无回售权、无赎回权）
票息/到期收益率	零票息/零收益率
交换溢价	38.5%（定价区间 38.5% ~45%）
交换价格	7.59 港元（参考股价 5.48 港元）
股息保护	全股息调整
募集资金用途	业务扩张、未来境外投资及其他一般公司用途

（六）长江电力可交换债案例介绍

1. 交易概览

2016 年 11 月 2 日，中国长江电力股份有限公司（简称长江电力）完成了 3 亿美元 +2 亿欧元的零票息、零到期收益率双币种可交换债的发行。这是亚洲除日本市场近 5 年来第一宗双币种股票挂钩交易。欧元部分是亚洲除日本市场 2016 年年初至今溢价率最高的股票挂钩票据。这是长江电力完成的第一宗海外债务融资交易。

创新的双币种结构：交易设计了两部分债券，一方面使得长江电力能够同时募集美元和欧元资金以满足公司实际需求，另一方面吸引了更广泛的来自美国和欧洲地区的投资者参与认购。簿记中订单以1.5:1的固定比例下单，以确保两个部分都保持最好的订单动能。

市场反响热烈：交易吸引了近100家投资者下单，长线基金反响热烈，主要订单包括GIC（卡狄亚）和BlackRock（黑石集团）等高质量投资者。美元部分实现2.75倍超额认购，欧元部分实现3.80倍超额认购。最终交易在两个部分都实现顶端定价，订单簿在长线基金和对冲基金间平均分配高效的融资选择。此次发行以显著高于市场水平的转换溢价和极富吸引力的资金成本（0.0%票息，0.0%到期收益率）帮助长江电力募集到所需资金。

2. 条款概要（如表13所示）

表13 条款概要

发行人	中国长江电力股份有限公司
转换标的	建设银行H股股票（939 HK）
担保人评级	A+（惠誉）
可交换债评级	未评级
发行规模/计价货币	3亿美元+2亿欧元
债券期限	5年到期，3年后可回售

续 表

发行人	中国长江电力股份有限公司
发行人回购条款	发行3年后，如股价在连续30个交易日内的20个交易日中，达到当时转换价格的130%，发行人可以选择行使回购权
票息	0
到期收益率	0
交换溢价	美元部分：40.0%（发行区间30.0%~40.0%） 欧元部分：50.0%（发行区间40.0%~50.0%）
交换价	美元部分：7.896港元 欧元部分：8.460港元 （参考股价5.64港元）
股息保护	就所有支付的现金股息调整转换价格
募集款项用途	偿还债务及一般企业用途

境内外资本市场互联互通趋势探讨

姜雪涛　中国国际金融股份有限公司资本市场部董事总经理、股本资本市场负责人

张　敏　中国国际金融股份有限公司资本市场部副总经理

自我国加入 WTO（世界贸易组织）以来，有关资本市场开放的政策研讨一直是境内外各方关注的热点问题，而伴随着沪港通和深港通的陆续启动，中国资本市场国际化进程迈入新纪元，我们也看到市场化、机构化、境内外市场一体化，正逐渐成为我国资本市场变化的主趋势。本文以境内外资本市场的最新互动趋势为背景，探讨了在这些变化下关于未来资本市场业务发展的思考，即通过借鉴海外成熟市场的监管方式加强同业之间的交流，并增强产品创新功能，在更加成熟的资本市场里探寻更多的业务机会，拥抱更多的可能。

作者简介

姜雪涛 男，山东烟台人，硕士，毕业于中国人民大学财政金融学院。2007 年起就职于中国国际金融股份有限公司资本市场部，目前负责股权资本市场业务，加入中金公司前曾在泰阳证券、中信证券任职。从业以来，参与过农业银行、中国石油等数百个企业的境内外资本市场各类产品的融资项目。

一、境内外资本市场互动趋势

近年来，境内外资本市场（特别是内地和中国香港市场）的互联互通趋势不断深化，从监管政策、一二级市场资本流动及投资者动向等方面深切感受到这些变化的发生。

（一）二级市场的互联互通

2014 年 11 月推出的“沪港通”政策开创了内地、香港两地投资者直接买卖对方交易所上市股票的先河，启动了沪港股票市场交易互联互通的机制。目前“沪港通”包括 568 家沪股通标的、317 家港股通标的，已基本囊括两地的蓝筹、指标公司。而年内或将启动的“深港通”也将进一步拓展两地二级市场可直接投资的股票范围，更多地纳入两地的高成长性企业。此外，证监会也在推动“沪伦通”的可行性研究，未来A股二级市场与海外成熟市场的互联互通有望在更广阔的范围内实现。除了上述二级市场直接投资领域的变化，2015年7月正式实施的两地“基金互认”，允许境内外基金跨境募集，额度分别达3000亿元，进一步加速了两地资本的双向流动。截至目前，已有超过40只两地互认基金成立。

这些监管领域针对二级市场互联互通的努力增强了两地投资者的交流和融通，在一定程度上促使国内机构投资者与国际成熟机构投资者的投资理念逐渐趋同。沪港通开通以来，恒生指数与上证综指的相关系数从开通前的0.39提升到了0.51。境内市场开放政策亦提升了内地市场与国际市场的联动，欧美主要指数与上证综指相关系数从2008年金融危机前的0.14上升到了危机中后期的0.25。

（二）一级市场项目的跨境直接投资

除了上文提到的二级市场的互联互通外，近年来内地投资者在香港一级市场的直接投资也在不断增加，中资投资者已成为香港IPO基石投资者最重要的参与主体。而且参与到境外IPO的主体已不局限在活跃于二级市场的传统QDII（合格境内机构投资者）投资者（中资保险公司、中资基金公司），主权基金、国有企业、民营企业和国内其他金融机构都通过自有海外平台或 QDII 通道广泛参与到境外的一级市场项目中。以最近三年的香港 IPO 发行为例，超过 140 家公司在发行中安排了基石投资者，此类基石投资者的合计认购金额约 300 亿美元，其中，中资投资者的投资额超过 220 亿美元，占比超过 75%。整体而言，目前香港市场的 IPO 发行，中资投资者已取代海外投资者，成为发行成败与否的决定性力量。

在中资投资者大规模出境投资海外 IPO 的同时，传统上仅参与二级市场的 QFII 也开始对国内的非公开发行等一级市场项目表达兴趣。特别是一些大市值、分红收益稳定的蓝筹股的定增项目对 QFII 等境外资金的吸引力在增强。

二、对于资本市场业务的思考

（一）借鉴成熟市场的监管方式

随着境内外资本市场互联互通的不断加强，除了资本层面的互动外，成熟市场的监管理念也值得我们在国内的资本市场业务中充分借鉴。总体而言，成熟市场的监管理念更强调市场化的约束机制，行政管制色彩相对弱化。

以香港市场为例，香港 IPO 的审核时间较短，从报送 A1 上市申请材料至通过聆讯，平均仅需 2 ~ 3 个月的时间。通过聆讯后，发行人和投行可以根据市场情况和投资者的需求反馈灵活选择发行窗口，自主决定发行启动时间；在发行期间，发行人和投行可以自主确定发行价格；投行还拥有自主配售权，可以根据投资者的资质分档进行差别配售。监管机构对于发行节奏、发行价格、投资者群体均不施加额外管制；香港市场的再融资，如果发行比例在 20% 以下，可在年度股东大会的一般性授权下进行，非 H 股公司不需要监管机构的审批；发行折扣完全由发行人和主承销商根据公司基本面、市场情况和投资者的反馈自主决定，且增发股份不设锁定期。

鉴于香港市场便捷的审核流程与市场化的发行定价机制，香港市场成为中资企业海外上市的首选地。目前，中资股占港股上市公司总数 50% 以上，市值占 60% 以上，交易额超过港股市场的 70% 。

相较而言，国内监管机构对于 IPO 和再融资的管制更加严苛，在很大程度上仍有进一步市场化改革的空间。

（二）加强同业之间的交流

在海外发行中，多数项目会组建相对庞大的承销团，同一项目往往涉及多家投行，因此各家投行资本市场部之间的联系会相对紧密。同业之间针对业务实践中遇到的具体问题经常共同向监管机构提出建议，并建立起了相对成熟良性的合作与竞争机制，信息交流和资源共享的通道也相对顺畅。

对于国内的资本市场部同仁，我们也建议参考海外市场同业的合作机制，在以下方面一起努力，共同优化资本市场业务模式、促进国内资本市场的发展。

1. 联合监管建议

如上文所述，国内的监管领域还存在较大待完善的空间；可以考虑券商联合向监管机构提出改革建议；例如，放开 IPO 的发行节奏和价格管制；放松再融资对于底价确定和锁定期的安排等。

2. 良性竞争与合作机制

海外市场中，资本市场部在共同执行项目和寻找投资者需求过程中，通常会遵循良性的合作与竞争机制。在项目执行和投资者分工的过程中，通常会按照预先协商约定的、符合市场惯例的机制执行。随着国内联主项目的日益增多，建议参考海外成熟、专业的同业合作经验，优化项目执行流程和投资者分工机制。

3. 信息交流和资源共享

建议加强国内资本市场同行信息交流的深度和频率，经常性地组织行业交流会，分享信息和经验。

（三）增强产品创新功能

海外投行的资本市场部除了开发、执行 IPO、再融资等传统的一级市场项目外，其业务范围还包括产品创新等职能，例如，创设境外的股票挂钩衍生产品（远期、普通看跌期权、上下限期权、指数看跌期权等），利用金融衍生工具进行减持、抵押融资等。开发这些创新型产品可以帮助客户更灵活地实现对冲、融资、减持等需求。

目前，国内市场的类似产品相对较少，难以充分满足客户上述需求，建议国内券商的资本市场部也可以考虑增强产品创新方面的职能。

2016年定增市场概述及发行实务浅议

段昱华　海通证券股份有限公司投资银行资本市场部总监

定向增发作为上市公司再融资的重要手段，近几年来热度不断升温，已成为很多上市公司最青睐的再融资方式，也是个人和机构投资者在二级市场中获利的首选方式。针对IPO后立即启动再融资，短期多次再融资现象频出，上市公司圈钱等影响股市健康发展的行为，证监会不断出台新规约束上市公司合理融资，从源头遏制投机套利机会。虽然由于定增监管的趋严以及过多资金的涌入使得定增收益下降且发行速度减缓，但是未来定增市场投资将更加注重公司远期的成长性和投资价值，以利于市场长期发展。本文以2016年定增市场的概况为基础，详细探讨了目前定向增发存在的问题、定向增发新政对于后续市场的影响以及2017年定增市场的发展形势，并就非公开发行操作中的重点问题进行了分析，希望能对各位资本市场同人有所裨益。

作者简介

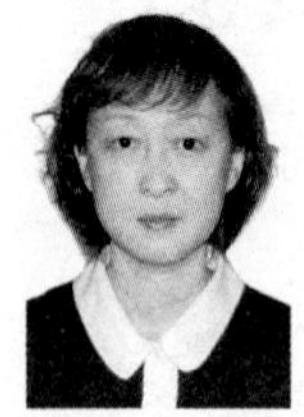

段昱华 海通证券股份有限公司投资银行资本市场部总监，中国人民大学经济学硕士，中国注册会计师（非执业）。

一、2016 年定增市场概况

2016 年沪指一直围绕 3000 点震荡盘整，从金融周期的角度看，这个点位是处于相对低位的区域，参与像定向增发这样的资本市场类业务，风险较低。凭借有利的发行窗口，2016 年定增发行继续一路狂欢，虽然发行家数略低于 2015 年，但募资规模超过 2015 年。

2016 年通过证监会审核的定增家数为 772 家，核准家数 725 家，实施定增发行 790 家，实际募集资金规模达 1.79 万亿元，占全年股权融资额超过九成，较 2015 年同比增长 31%（如表 1 所示）。

2016 年监管机构对定增的审核及发行遵循从严从紧的监管思路，出台了一系列通知、办法、窗口指导意见，甚至采取了阶段性停发非公开项目批文的行政干预，还有配合国务院、央行出台的互联网金融风险专项整治工作实施方案对类金融项目进行的专项整治工作，导致定增发行速度全年苦乐不均，闲时闲得发愁，忙时忙得发疯。如不考虑政策因素和调控，2016 年定增的发行肯定会超过目前的家数和规模。

表 1　　2014—2016 年定增发行统计

年份	增发家数	增发数量（万股）	预计募集资金（亿元）	实际募集资金总额（亿元）
2016	790	1791. 52	18497. 88	17898. 92
2015	858	1817. 47	13723. 10	13591. 74
2014	486	1132. 24	6812. 15	6724. 67

注：按发行日期统计，Wind 资讯数据。

2016 年定增项目家数排名前五的行业分别为化工、机械设备、医药生物、电子和计算机，这五个行业的合计占比达到 39. 70%，实际募集资金金额排名前五的行业分别为商业贸易、化工、公用事业、房地产和机械设备，这五个行业的合计占比达到 39. 30%。

2016 年定增募集资金的用途按融资额多少排序依次是：项目融资、融资收购其他资产、配套融资、补充流动资金、实际控制人资产注入、壳资源重组、引入战略投资者、公司间资产置换重组及集团公司整体上市等。其中项目融资类占比最高，达到 35%，融资收购其他资产类定增占比为 25%，配套融资占比 17%。

相对于2016年定增募集资金总额的攀升，发行折价率则持续走低，一年期定增平均折价率为13.93%，三年期定增平均折价率为27.68%，其中11月一年期定增平均折价率仅为3%（如表2所示）。

表2　　2014—2016年定增发行折价率统计

年份	2014	2015	2016
总体平均折价率（%）	25.69	38.32	19.74
一年期平均折价率（%）	14.03	16.21	13.93

2016年参与定增的机构排名前五的分别为财通基金、北信瑞丰基金、申万菱信基金、金鹰基金和博时基金，从参与定增的规模来看，排名前五的机构分别为财通基金、申万菱信基金、金鹰基金、泰达宏利基金和申万菱信资产管理有限公司，其中财通基金的参与金额超过550亿元。

二、2016年定增发行存在问题及监管新政

（一）政策性因素对定增市场的影响

一直以来，证券市场的发展实际上是跟随政策的出台起起伏

伏、进进退退的，监管政策是影响市场环境、审批效率和发行交易的关键因素。

2014 年定增发行数量和规模开始持续放大，起源于 2012 年 11 月至 2013 年 12 月 IPO 的暂停，监管层开展了号称史上最严的 IPO 公司财务大检查，各保荐机构在 IPO 项目上如履薄冰，避之不及，因公开发行亦被暂停，投行为谋生计而转攻定向增发。

2014 年 1 月 IPO 重启，沪指在震荡走低创出 1974 点新低后大幅上涨，开启一波罕见的牛市行情，沪指最高到 5178 点。在 2013 年价格底部运作的定增项目亦在 2014 年开花结果，发行人、中介机构和投资者都收获颇丰。

2015 年 7 月至 2015 年 11 月，证监会因是年 6 月的股灾再次暂缓 IPO 发行，此后沪指震荡下跌，一度跌破 3000 点。本轮暂停重启时，取消了新股申购预先缴款制度，将申购时预先缴款改为确定配售数量后再进行缴款，大幅减少了新股发行中投资者需要动用的资金数量，解放了申购新股冻结的数万亿元资金。

股指大幅震荡跌出的巨大价差和充裕的资金，使逐利的各路资本蜂拥而至，除了公募基金以外，券商、基金子公司和私募等机构也纷纷涌入定增市场，不断刷新定增的发行规模，问题和风险也随之显现。

（二）定增发行中存在的问题

由于定增项目发行底价与发行时市价之间的价差越大，发行越容易成功。这使得资本流向了价差大的融资项目，一些有投资价值的公司因为价差小、难融资，而一些质地、业绩较差的公司，因有较大的价差，反而受到追捧。

这种现象不仅对发行人不公平，同时还使投资者丧失了对上市公司投资价值进行研究和判断的动力，导致投资人只看价差，不问融资用途也不看基本面；而上市公司为了锁定较低的发行底价采取诸如发行预案公告前长时间停牌、预案公告后长期不召开股东大会等各种手段。

三年期定增项目，发行价格不足发行时市价 50% 的项目比比皆是，甚至出现发行价格仅为发行时市价 10% 的极端案例。不仅有利益输送、关联交易之嫌，那些业绩差、股价波动大的公司也存在发行时价差大，但在锁定期内跌破发行价的风险。

（三）2016 年涉及定增发行的新政

针对定增发行中出现的问题，作为一向对证券市场呵护备至的监管机关自然不能坐视不管，而现有的制度已不能对市场参与各方进行有效的约束和引导，修订出台新制度又耗时较长，因此从 2015 年年底开始，证监会陆续出台了一系列行政干预措施和窗口指导意见，并贯穿 2016 年全年，主要涉及以下几个方面。

1. 完善非公开发行定价及价格修订机制

（1）鼓励以发行期首日为定价基准日，即市价发行。对于“以发行期首日价格为定价基准的市价发行”一切从宽；对于定价定向发行，在审核中一切从严。

（2）禁止为了形成“价差”，长期停牌或以各种理由拖延时间。预案公告前停牌不能超过 20 个交易日。长期停牌的（超过 20 个交易日），要求复牌后交易至少 20 个交易日后，再确定非公开基准日和底价。

（3）上市公司正式申报非公开发行申请后，采取询价发行方式的，公司可以根据实际情况在初审会前调整一次发行底价，调整次数以一次为限；采取定向定价发行方式的，在审期间不允许其调低发行底价，可以调高。

无论公司采取询价方式还是定价方式，修改发行底价必须重新召开股东大会，不能仅根据前次股东大会对董事会的授权，应履行中止程序。

（4）发行定价还执行过一段时间“七折底价”条款的窗口指导，即三年期定增的发行价格在不低于董事会预案日的前 20 个交易日均价 90% 的基础上，还增加了不低于发行期首日前 20 个交易日股票交易均价 70% 的限定。后因股指下跌，许多公司的发行价差缩小，甚至跌破发行底价而未再要求。

2. 明确非公开发行对象的确定、穿透及限制条款

（1）投资者的确定及穿透要求。对于定价定向的非公开发行项目，公告预案时必须确定投资者，并且要求穿透以后不得超过 200 人。

董事会阶段确定投资者，投资者涉及资管计划、理财产品等，在公告预案时即要求穿透披露至最终出资人，所有出资人合计不超过 200 人（不适用于员工持股计划参与认购的情形），即不能变为变相公开发行；不能分级（结构化）安排。

（2）公司的控股股东或持有公司股份 5% 以上的股东，通过非公开发行股票获取上市公司股份的，应直接认购取得，不得通过资管产品或有限合伙等形式参与认购。

（3）发行对象（包括最终持有人）在预案披露后，不得变更。在定增核准后、发行备案前，资管产品或有限合伙企业资金

需到位。发行后在锁定期内，委托人或合伙人不得转让其持有的产品份额或退出合伙。

3. 严控非公开发行募集资金规模及运用

监管机构建议非公开发行项目的募集资金规模最好不超过最近一期净资产（不强制要求，但会关注）。募集资金可以补流，但要测算合理性，测算过程可以用过去几年最高的收入增长率。

在确有必要并测算合理的前提下，配股、优先股和三年期定增可将全部募集资金用于补充流动资金和偿还银行贷款；一年期定增用于补充流动资金和偿还银行贷款的金额不得超过本次募集资金总额的30%；其他再融资产品均不得使用募集资金补充流动资金和偿还银行贷款。

4. 加强重组上市的事中事后监管

监管机构2016年对涉及互联网金融、游戏、影视、VR等行业的跨界并购从严把关、从严审核，其中业绩真实性无法判断，标的公司盈利能力具有较大不确定性的重组项目是审核关注的重点。

为严格重组上市（即借壳上市）监管，促进并购重组市场规范发展，2016 年 6 月 30 日，证监会发布了《关于严格重组上市监管工作的通知》（以下简称《通知》）。主要安排如下：

（1）强化交易所一线监管。明确重组上市项目复牌前一律召开媒体说明会，上市公司现控股股东、实际控制人、董事会、董监高、重组方、中介机构等相关各方均应参会回应市场关注，充分接受市场监督。

（2）加强证监局现场检查。重组上市项目草案披露后，一律安排现场检查；对 2011 年证监会明确重组上市规则以来已经实施完毕的重组上市项目，也要分批开展现场检查。

（3）严格监管执法。贯彻披露即负责原则，方案中止或终止的，不得豁免信息披露法定责任；坚决遏制违法违规行为，中介机构同步问责；抓典型个案，加强业绩承诺监管，持续督促重组方履约践诺。

5. 修订并购重组规则，规范重组上市行为

（1）证监会于 2016 年 9 月 9 日发布了《关于修改〈上市公司重大资产重组管理办法〉的决定》。主要修改内容包括：

第一，完善重组上市认定标准。参照成熟市场经验，细化关于上市公司“控制权变更”的认定标准，完善关于购买资产规模

的判断指标，明确累计首次原则的期限为60个月。需说明的是，60个月期限不适用于创业板上市公司重组，也不适用于购买的资产属于金融、创业投资等特定行业的情况，这两类情况仍须按原口径累计。

第二，完善配套监管措施，抑制投机“炒壳”。取消重组上市的配套融资，提高对重组方的实力要求，延长相关股东的股份锁定期，遏制短期投机和概念炒作。上市公司原控股股东与新进入控股股东的股份锁定期为36个月，其他新进入股东的锁定期从目前12个月延长到24个月。

第三，按照全面监管的原则，强化上市公司和中介机构责任，加大问责力度。

上市公司及最近3年内的控股股东、实际控制人正在被立案调查或侦查的，上市公司不能进行重组上市；控股股东、实际控制人被交易所公开谴责，或者存在其他重大失信行为（例如存在因证券期货违法被处以刑罚或行政处罚的行为等情形）的，上市公司12个月内不得进行重组上市。

（2）为解决重组事项导致的长期停牌问题，证监会对《关于加强与上市公司重大资产重组相关股票异常交易监管的暂行规定》（证监会公告〔2012〕33号）、《关于规范上市公司重大资产重组若干问题的规定》（证监会公告〔2008〕14号）两个文件也进行了相应修订，缩短了终止重大资产重组进程的“冷淡期”，由 3 个月缩短至 1 个月。

上市公司披露重大资产重组预案或者草案后主动终止重大资产重组进程的，上市公司应当同时承诺自公告之日至少 1 个月内不再筹划重大资产重组；3 个月内再次启动重大资产重组行为的，应当在再次启动的重组预案和报告书中，重点披露前次重组终止的原因，短期内再次启动重组程序的原因。另外在修订中还明确了交易标的相关报批事项披露标准。

上述一系列措施旨在压缩谋利空间，遏制短期投资和炒作，防范无底线套利引发的风险。政策出台后，多家上市公司修改定增方案，包括三年期定增改一年期、增加定价条款、削减调整募投规模，撤回申请，多家公司终止了重组。

三、2017 年定增市场形势分析

（一）证监会最新的监管思路

2017 年 1 月，证监会对上市公司再融资、大股东减持、并购重组等问题进行了集中回应，主要内容是：

上市公司再融资是促进社会资本形成、支持实体经济发展的重要手段，目前存在的问题突出表现在部分上市公司过度融资、融资结构不合理、募集资金使用随意性大、效益不高等。证监会将采取措施限制上市公司频繁融资或单次融资金额过大，严格再融资审核标准和条件，解决非公开发行与其他融资方式失衡的结构性问题，发展可转换债和优先股品种，抑制上市公司过度融资行为。

股份转让是上市公司股东的基本权利，但权利的行使必须依法合规，证监会将坚决查处、严格追责涉嫌信息披露虚假、内幕交易、操纵市场等违法违规的大股东减持行为。

上市公司并购重组是提高上市公司质量、支持实体经济转型升级的有效手段，但市场秩序尚不规范，存在投机“炒壳”的痼疾顽疾。证监会将进一步加强并购重组监管，持续完善相关制度规则，重点遏制“忽悠式”“跟风式”和盲目跨界重组，引导资金更多投向有利于产业整合升级的并购重组，趋利避害，更好发挥并购重组的积极作用。

证监会的表态意味着 2017 年监管机关对定增审核及监管的调控力度将进一步加强，相应的办法和细则会很快落地。

（二）2017 年定增发行趋势

证监会在定增监管问题上的强硬表态，是基于对 2017 年定增市场发行趋势的研判。

在整个证券市场中，再融资市场依然是金融支持实体经济的重要资金平台。根据上市公司已公告的预案，2017 年的定增家数和规模仍处于高位，预计与 2016 年持平；鉴于目前的新股发行体制，2017 年很多企业“瘦身”IPO，上市后再融资意愿强烈，大规模定向增发仍将持续。

2017 年的经济形势不容乐观，股指仍将低位震荡徘徊，在目前点位发行定增项目会有一定的折价和安全边际，从以往年度定增解禁的平均收益率来看，布局定增仍是较优的投资策略，因此也吸引了越来越多各类投资者进入，合力推高定增市场的规模。

2017 年 IPO 的审核及发行速度预计将继续 2016 年四季度的节奏。2016 年 IPO 核准呈现前慢后快态势，下半年特别是第四季度明显加快，全年共核准 280 家企业的首发，筹资总额约为 1843 亿元，其中四季度就核准了 131 家，共筹资 784 亿元。如照此速度，2017 年 IPO 的数量与募资金额很有可能超过 2016 年。为确保 IPO 的发行进度，考虑到市场承受力，通过提高标准等方式放缓再融资节奏，以缓解后续再融资解禁后的减持压力，也在情理之中。

因此，2017 年定增市场的格局依然是高涨的融资热情与维稳的监管理性在博弈中争斗、平衡中前行的过程。

四、非公开发行操作实务探讨

在定增发行过程中，由于每个项目的具体情况不同，同一问题在不同项目中出现的状况不同，加之对监管机构出台的各种眼花缭乱的指导、规则理解不同，造成了在实际发行操作过程中对政策把握、尺度把控上的困惑。

在此梳理了一些定增发行中存在的共性问题，以及需要注意的节点跟大家分享及探讨，希望对大家有所帮助。因为并购重组配套融资的发行审核比照非公开发行的标准，所以仅以非公开发行为例。

有关问题的处理和认定是按照 2016 年证监会发行部对非公开发行项目的监管要求进行的，不排除今后会有新的口径及调整的可能，请大家在实际操作中以证监会发行部最终审核通过的意见为准。

（一）发行方案调整与定价基准日的调整

（1）非公开发行项目在会审核期间，发行方案如果仅仅涉及募集资金规模的调减，履行董事会程序即可，不用重新确定定价基准日及价格。

如果涉及方案的实质性调整，比如控股股东、实际控制人或事先确定的重要战略投资者放弃认购，募集资金项目使用发生重大变化的，需要重新确定定价基准日并重新确定价格。（定价基准日为发行期首日的不受影响）。

（2）通过发审会后不得调减发行规模，减少募集资金额。如确需调整，须向发行部监管审核处、发行审核处汇报，履行相应的程序，经批准方可进行调整。

（3）员工持股计划作为一个发行对象，如因员工持股计划中有人放弃认购导致实际认购数量少于承诺数量，须走会后事项，明确实际发行规模。

（4）已过会的企业，如果会后实施分配，造成发行数量或价格变化，须走会后事项。

（二）股东大会有效期及计算方式

股东大会批准非公开发行预案的有效期是 12 个月。比如某公司 2016 年 7 月 25 日股东大会表决通过了非公开发行预案，有效期是到 2017 年 7 月 24 日。很多公司自行约定有效期为 24 个月是无效的，规定股东大会有效期是为了确定价格的有效期限。过了这个期限原先设定的发行底价或发行价格就无效，需要重新确定发行底价（发审会前处于有效期即可，非封卷前）。

（三）大股东参与非公开发行认购的处理

大股东参与认购的非公开发行项目，在预案中都规定了大股东的认购限额或比例，一般有以下几种情形：

（1）规定了大股东认购上限，即承诺认购不超过 *X* 亿元。那么在实际发行中，大股东必须按上限认购，一分钱也不能少。如承诺认购不超过 5 亿元，必须按 5 亿元来认购。

通常投资者会将大股东认购不超过 5 亿元理解为按上限，即 5 亿元认购。在发行中大股东的认购数量直接影响市场信心，认购 5 亿元和认购 5 千万元的效果完全不同。如果实际认购数量与承诺的上限差距太大，那么承诺就毫无意义了。

特殊情况：大股东参与认购并承诺了认购上限，如认购不超过本次发行股份总数的 20%，但因部分投资者未缴款以致未能足额发行，进而大股东的实际认购比例超过了其承诺的上限，保荐机构与发行人律师需分别就该事项出具核查意见，就其不违反《证券发行与承销管理办法》及《上市公司非公开发行股票实施细则》等相关规定进行说明；或是在保荐机构的《发行情况报告书》及律师的《法律意见书》中分别体现。

（2）规定了大股东的认购区间，即上限与下限。则发行程序启动前，必须在发行方案里明确大股东的具体认购比例/数量。

（3）规定了大股东的认购下限，即承诺认购不低于本次发行股份总数的 *X*%。则发行启动前，必须在发行方案中明确大股东认购比例，这个比例可以在认购下限的基础上自行设定。如预案中承诺认购不低于 10%，发行方案中承诺实际认购可以是 10%，也可以是 30% 或 40%。

同时还须明示如出现申购不足的情况，大股东是否追加认购。如大股东同意追加，那么在发行方案追加认购程序中，需明确大股东对首次申购不足部分进行认购的比例，是全额认购还是部分认购，是否有优先追加认购权。

（4）如果持股比例小于30%的大股东在实际发行过程中按其承诺的上限认购会导致其持股比例超过30%，实际发行中需注意是否需要履行相应的豁免要约程序。

（四）关于三年期定增认购对象违约的处理

三年期定增发行中，投资者须按认购协议中约定的数量足额认购，部分认购/不认购均视为违约。如果认购对象前期缴纳了保证金，但后期放弃认购，应按照认购协议的相关约束性条款执行，保证金不予退回。

有的认购方违约后上市公司退还了保证金，其原因可能是认购方为大股东或其关联方，抑或与上市公司关系不错。虽然该事项可能引起的纠纷或诉讼非证监会监管范畴，但从保护中小投资者利益的角度出发，退还保证金这一行为有损上市公司股东利益，同时也暴露出公司治理不规范，如被监管部门事后巡检稽查发现，上市公司有被追究责任的可能；另外上市公司下次再融资时，该事项在审核时也会成为关注点，因此还需谨慎对待。

（五）关于最低认购限额的处理

一年期询价的非公开发行项目要求参与认购的投资者不得超过 10 名，通行做法是按照募集资金总量除以 10 来确定单个投资者的最低认购限额。如果发行人不希望稀释太多股权，可以适当调增最低认购限额，减少参与认购的投资者数量，但门槛过高、人数过少有利益输送、有失公平之嫌，如确需调整建议与监管部门提前沟通，征得同意后再实施。

（六）缴款期限的设定

非公开发行过程中认购对象的缴款期限通常为 2 ~ 4 个工作日，可酌情缩短或延长。在实际操作中有的三年期定增项目，会在《附条件生效的股份认购协议》中约定 10 个工作日乃至更久的缴款期限，遇到此种情况，可依据协议与监管部门沟通，延长缴款时间。由于缴款时间较长，可能会被要求补充会后事项承诺函，保证在此期间无重大事项发生。此外，发送缴款通知书的形式包括但不限于邮件、快递等，应确保送达认购方。

特殊情况：三年期定增项目，如果发送《缴款通知书》后，认购方并非主观放弃认购，而是筹措的资金不能及时到位，解决的方法可由认购方向发行人出具一个申请延迟缴款的函，说明原因并明确缴款时间，发行人收到后再向认购方发送一个同意其申请的回函，双方共同推进以保证发行完成。此做法也须与监管部门提前沟通，征得同意后方可操作。

为了最大限度避免发行启动后认购方不能及时缴款的情况，通行的做法是对于锁定期三年的投资者，必须确认其认购资金到位后再启动发行。

（七）关于追加认购程序

（1）首次申购不足时可启动追加认购程序，时间不超过两周。

（2）因缴款不足启动追加认购程序，时间不超过一周。

若按以上两种情况依次追加认购程序后仍不能足额申购的，不可再行追加，按照实际申购量缩量发行。

（八）发行中止条款

一年期询价发行项目如采用发行期首日作为定价基准日，在发行期间亦不停牌，股市出现震荡时，可能会发生询价当日的市价跌破发行底价的危险，所以建议在发行方案中设置发行中止条款，避免发行失败。可参考以下陈述："如遇市场大幅下跌，出现询价结束后无投资者进行有效报价，发行人与主承销商有权中止本次发行。后续发行人与主承销商根据投资者认购意向和二级市场情况在批文有效期内再次择机启动本次非公开发行。"

（九）需走会后事项程序的几种情形

非公开发行项目通过发审会后，如出现重大事项须及时报告，履行会后事项程序，待程序走完后方可启动发行。以下是需要注意的几种情形：

（1）会后实施分配，造成发行数量或价格变化，须走会后事项。

（2）定期报告发生亏损或业绩同比下降 30% 以上的，需要报送补充核查报告等会后事项文件（针对亏损情况，有案例要求扭亏为盈之后才能启动发行）。

（3）签字律师离职、更换：更换后的律师需要重新进行尽职调查并出具专业意见，保荐机构应进行复核。律师事务所及其经办律师对上报相关申报文件的真实性、准确性、完整性承担相应的法律责任。

（4）签字会计师被行政处罚、采取监管措施：更换后的会计师需要重新进行尽职调查并出具专业意见，保荐机构及所涉中介机构均应就其出具的专业意见进行复核并出具复核意见。

更换签字会计师不走会后事项，仅须在会后事项承诺函第9条增加说明段，说明更换后的会计师已重新进行尽职调查并出具专业意见，相关文件未出现虚假记载、误导性陈述或重大遗漏。

定增投资成功关键和中新融创投资实践

桂松蕾　中植集团副总裁、中新融创资本管理有限公司董事长

赵　启　中新融创资本管理有限公司战略投资部总经理

定增融资是A股市场已上市公司进行股权融资的主要方式，定增市场规模已连续多年大幅超过IPO市场。本文主要对2016年解禁的高收益定增项目进行分析，总结定增投资的成功关键因素，并分享中新融创的定增投资实践。

作者简介

桂松蕾 中植集团副总裁、中新融创资本管理有限公司董事长，毕业于美国仁斯利尔理工大学（RPI），获得金融硕士学位。桂松蕾女士在过去几年中管理了200亿元左右的投资，投资行业包括高端装备制造、TMT、消费服务、能源、环保等领域，成功选择行业中优秀公司进行投资，并积极推动企业后续资本运作和金融服务。

赵　启 中新融创资本管理有限公司战略投资部总经理，毕业于清华大学，获得工学学士和管理学硕士学位。赵启先生拥有十年以上投资工作经历，在上市公司定增投资和二级市场投资方面有丰富经验，对资产价格趋势和优质资产选择有深刻理解，完成项目投资总额超过100亿元，投资行业包括金融、农业、工业、公用事业等。

一、2016 年解禁的高收益定增项目

定增项目从发行认购、上市到解禁流通，通常需要 13 个月左右。在超过 1 年的投资锁定期内，国内经济、金融和资本市场形势，产业景气和公司经营情况，都可能发生很大的变化。不同年度、不同时期、不同类型的定增项目，定增投资收益往往有很大的差别。怎样抓住有利的投资时机、选择高收益的优质项目并通过投后管理控制风险、实现收益，是每个从事定增投资的专业机构和投资人都很关注的问题。

（一）2016 年解禁高收益定增项目的整体情况

2016 年，A 股市场共计有 227 个 1 年期现金认购类定增项目解禁流通，项目募资总额达到 3448 亿元，平均每个项目

募资 15.2 亿元。在所有项目中，解禁流通时投资收益超过 30%的定增项目共计 63 个（项目占比为 27%），项目募资总额达到 517 亿元（资金占比为 15%），平均每个项目募资 8.2 亿元。

2016 年解禁的高收益定增项目主要集中在 1 月、2 月、3 月、9 月、11 月，项目占比超过 70%，其他月份占比较少；项目平均的投资收益呈现前高、后平、中间低，与 2015 年 A 股市场先冲高见顶后下跌一致（如图 1 所示）。

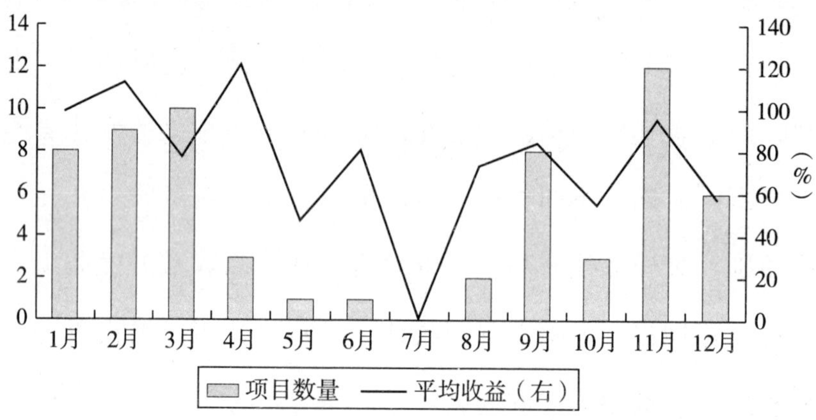

图 1　2016 年高收益定增项目的时间分布和平均收益

2016 年解禁的高收益定增项目分布在 11 个行业，且主要集中在可选消费、信息技术、材料和工业四大领域，项目占比超过 70%（如图 2 所示）。

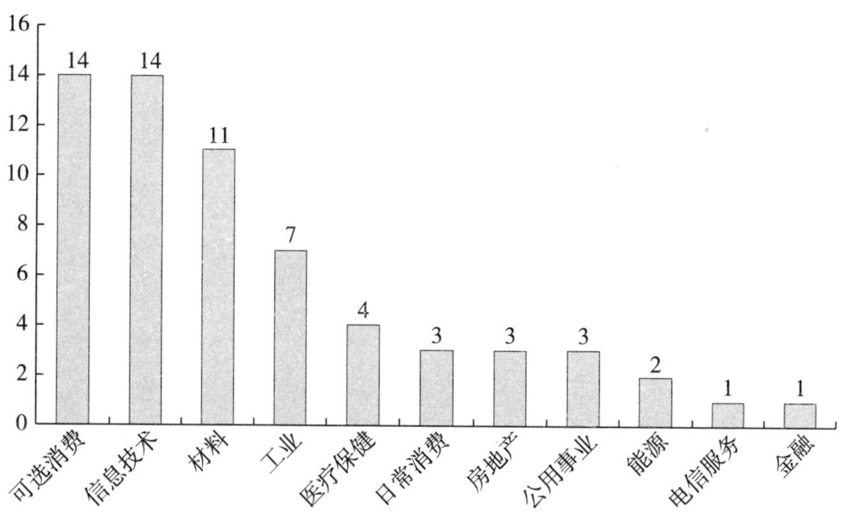

图 2　2016 年高收益定增项目的产业分布

（二）2016 年解禁高收益定增项目的盈利分析

2016 年解禁超过 30% 收益的定增项目的平均收益是 84.9%，投资收益的分布区间为 30% ~280%，其中占比最大的收益区间是 50% ~100%，其次是 30% ~50% 和 100% ~200%。

在高收益定增项目中，投资收益超过 200% 的项目有 4 个，分别是天赐材料（280%，材料行业）、众信旅游（257%，可选消费）、坚瑞沃能（250%，材料行业）、新文化（246%，可选消费）（如图 3 所示）。

2016 年超过 30% 收益的定增项目的平均折价是 18.1%，定

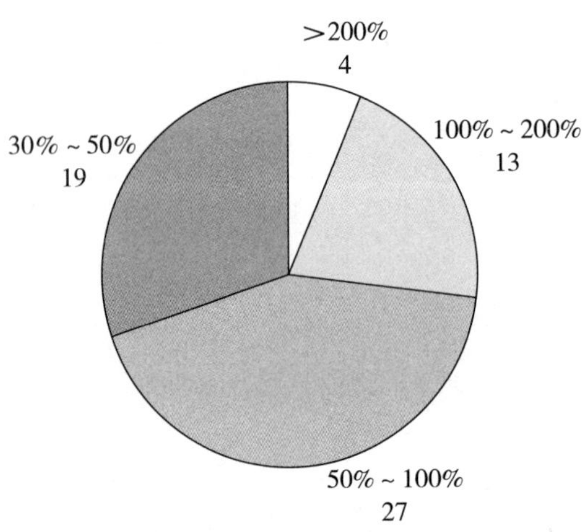

图3　2016年高收益定增项目的收益区间分布

增折价带来的平均收益是24.4%，对定增项目平均收益的贡献是28.7%。在锁定期间，沪深300指数平均下跌8%，大盘波动对定增项目平均收益的贡献是-9.4%。定增项目相对于大盘平均的超额收益是68.5%，对定增项目平均收益的贡献是80.7%。

从定增收益来源看，2015年定增认购到2016年定增解禁，在锁定期内国内资本市场整体处于下行态势，资本市场波动对定增项目收益有不利的影响。高收益定增项目的收益来源，主要是定增项目相对于市场整体波动有较高的超额收益，其次是定增认购的折价收益。

从定增折价收益的变化来看，2015年资本市场经历了先大涨后大跌的波动，2016年上半年解禁的定增项目折价收益要低于下半年，这可能与投资者在市场上涨阶段情绪更乐观，项目竞争更激烈相关（如图4所示）。

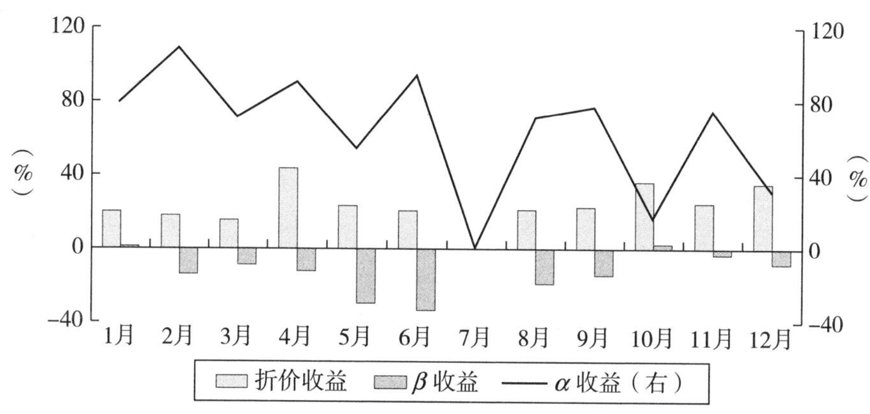

图4　2016年高收益定增项目的收益来源

从项目超额收益的对比来看，高收益定增项目所在行业指数的平均收益为13.7%，远高于同期沪深300指数的平均收益−8.0%，行业指数相对沪深300指数的超额收益平均为21.7%。高收益定增项目扣除折价后的平均收益为60.5%，也远高于同期同行业指数的平均收益13.7%，高收益定增项目相对于行业指数的超额收益平均为46.8%（如图5所示）。

2016年高收益定增项目主要以中小市值上市公司为主，定增发行市值小于50亿元的占1/2，50亿～100亿元和超过100亿元的各占1/4，平均收益最高的是50亿～100亿元市值公司，其中收购资产配套融资项目超过80%（如图6所示）。

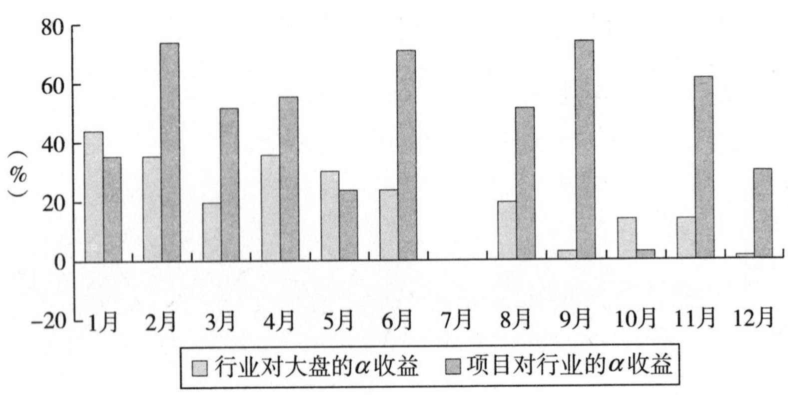

图5　2016年高收益定增项目的α收益来源

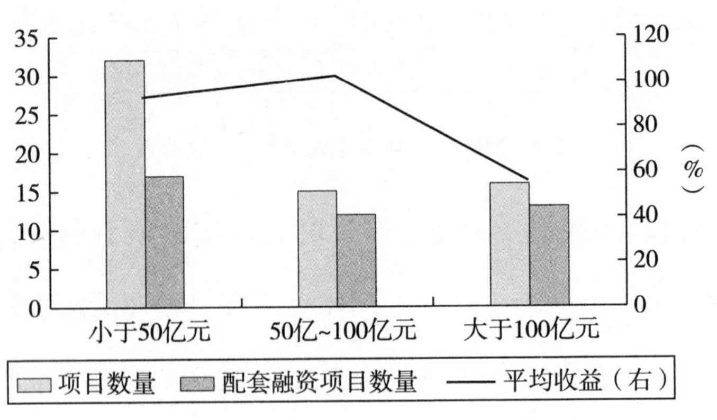

图6　2016年高收益定增项目的发行市值和融资目的

（三）非公开发行政策调整对定增投资的影响

2017年2月15日，证监会发布了《关于修改〈上市公司非公开发行股票实施细则〉的决定》，之后又发布了《关于引导规范上市公司融资行为的监管要求》和《中国证监会新闻发言人就并购重组定价等相关事项答记者问》，对包括定增在内的非公开发行股票的机制进行了调整，主要包括：

（1）发行定价机制市场化。定增项目定价基准日由原来的“可以为关于本次非公开发行股票的董事会决议公告日、股东大会决议公告日，也可以为发行期的首日”更改为“定价基准日为关于本次非公开发行股票发行期的首日”，取消了董事会决定/调整定价基准日的相关内容。定增发行定价机制调整后，现金认购类定增的平均折价将不超过10%，折价收益空间缩小，3年期定增投资风险加大，定增项目发行难度较之前增加，定增市场的项目数量和融资规模都将有所减少。

（2）增发股份规模总量限制。在增发股份时，拟发行的股份数量不得超过本次发行前总股本的20%。发行总量限制仅适用于上市公司定增及配套融资，上市公司其他再融资方式不受该等总量限制。该举措旨在限制过度融资行为，发行股份购买资产的配套融资规模和定价将受到一定影响，对于股本小、市值小的上市公司通过发行股份并购资产同时配套融资以支付并购兑价的资本运作空间将缩小。

（3）增发股份频率和节奏的限制。新规要求“本次发行董事会决议日，距离前次募集资金到位日原则上不少于18个月”，前次募集资金包括首发、增发、配股、非公开发行股票。上市公司发行可转换债、优先股和创业板小额快速融资，不适用本规定。该规定旨在抑制目前定增市场上脱离主业融资和频繁融资的情况。上市公司进行定增、公开增发和配股将产生时间间隔要求，上市公司需要规划好融资的节奏并灵活采用包括可转换债、优先股在内的其他融资方式。

（4）对再融资主体的要求。上市公司在申请再融资时，除金融类企业外，原则上最近一期末不得存在持有金额较大、期限较长的交易性金融资产和可供出售的金融资产、借予他人款项、委托理财等财务性投资的情形。该规定主要为了抑制募集资金大量闲置、频繁变更用途，脱实向虚、变相投向理财产品等财务性投资和类金融业务，对融资主体财务性投资的限制性约定适用于上市公司所有再融资行为。

（5）新老划断区别对待。新规对实行的时间和适应对象作出了明显的区分，已经被证监会受理的非公开发行股票再融资申请不受影响。

综合以上分析，第一，2016 年解禁的高收益定增项目的认购折价带来的平均收益，超过同期限的社会理财资金收益的 3 倍，是定增项目投资重要的收益来源，也是应对资本市场波动的风险缓冲，但是随着证监会颁布《关于修改〈上市公司非公开发行股票实施细则〉的决定》和政策调整，2017 年 4 季度后认购折价对定增项目收益的影响将下降，主要是作为锁定期的流动性风险补偿，折价套利大幅缩小。第二，资本市场整体波动对定增项目的投资收益有较大的影响，定增认购时资本市场处于高位但定增解禁时资本市场出现大幅下跌，定增项目获得高收益的概率和平均收益都会有所降低。第三，高收益定增项目的收益来源，来自项目所处行业收益超过资本市场、项目收益也超过所处行业两方面的叠加，其中项目本身的超额收益是主要的来源。

在新规实施后，在定增投资时，认购折价将不再是主要影响因素，投资时机判断、投资项目选择和投后运作管理将更加重要。在投资时机判断上，要考虑在投资期内市场整体的变化方向和波动幅度；在投资项目选择上，要考虑在投资期内选择资产价值能大幅提升的优质项目。在项目投资后，要加强投后运作管理，提升资产价值和管理项目投资与市场风险。

二、定增投资的成功关键

（一）公司价值低估

定增投资是上市公司股权投资的一种方式。在定增投资时，股权投资的价格低于股权的价值，是投资可以持续获得成功的基石。

在定增投资时，需要从以退定投的角度，评估1年以后定增股份解禁流通时，上市公司的股权价值和认购定增期初股权价格的关系。评估定增解禁时上市公司的股权价值，既要考虑定增认购时上市公司存量资产与已有业务的价值，也要考虑定增募投项目或增发股份收购资产的价值，还要考虑在投资期间由于外部经济、金融和资本市场形势变化，可能对上市公司股权价值带来的影响。

对于非上市公司，股权价值主要取决于公司存量资产和已有业务的产业价值。对于已上市公司，股权价值包括产业价值、融资价值和交易价值，因为上市公司可以在资本市场增发股份融资和收购资产，上市公司的股票可以在公开市场竞价交易。上市公司的股权价值，除了与公司存量资产和已有业务的产业价值相关外，还与增发股份的募投项目/收购项目的资产价值密切相关。上市公司股权也是流动性非常好的交易类金融资产，相对于非上市公司股权还存在流动性溢价。

根据现有制度安排和监管政策，上市公司定增股份在上市以后有1年以上的锁定期，在锁定期期满以后定增股份才能解禁流通。在长达1年的锁定期内，国内经济、金融、资本市场形势可能发生很大的变化，公司经营和行业景气也可能发生很大的变化，资本市场的融资环境和估值水平也会发生很大的变化，外部环境的巨大变化可能对上市公司的产业价值、融资价值和交易价值带来很大的影响。

在定增投资时，上市公司存量资产和已有业务的产业价值与投资价格的关系，只是投资评估的一个因素，如果单以这个因素作为评估标准，就会像只看后视镜开车而不看前方的路一样，并不能准确判断项目的投资价值和投资风险，毕竟投资关注的是未来以及未来的变化。成功的定增投资，需要从以退定投的角度，研究判断投资期内公司存量资产价值的变化，新增募投项目/收购资产的价值和变化，以及外部环境变化，包括产业景气、资金利率、融资杠杆等变化对上市公司股权价值的影响，综合以上方面找到风险低且预期收益高的项目。

（二）提升资产价值

在定增认购以后，继续提升已投上市公司的资产价值，是提高定增投资收益、降低投资风险的重要抓手。提升资产价值，总体上看可以从提升资产回报和交易价值两方面着手。

提升资产回报，一方面，可以立足于上市公司所处产业机会，通过战略规划和经营提升提高企业的经营效率，抓住产业发展机会，通过金融服务提高企业的资金周转，支撑公司业务内生成长和业务扩张。另一方面，要用好上市公司作为资本平台的优势，通过外延式资产并购扩张公司业务，在产业内进行横向整合和上下游产业链延伸，或者跨行业收购新兴行业的优质资产实施业务多元化或产业转型。

提高交易价值，主要是通过改变股票流通市值和股票价格影响股票的交易价值。在上市公司价值低估时，上市公司大股东或战略投资者在二级市场进行增持，可以减少上市公司的流通市值，改变股票交易的供求关系，同时也是向市场传递公司价值低估，吸引更多外部投资者关注和持有公司股票。在公司可分配利润较高时，通过高比例分红方式向已有股东分配，可以降低每股价格、提高股票的流动性溢价，这两种方式对股票交易价值都有正面的影响。

对于2016年解禁的高收益定增项目，项目相对于资本市场波动变化的超额收益，是定增投资收益的主要来源。这些高收益项目有一些共同的特征，或者受益于增发股份收购利润较大的优质资产极大地改变了公司原有的价值，或者受益于行业景气上升带来已有业务量价齐升以及募投项目达产释放利润使公司资产回报大幅提高，或者通过产业整合和关联业务并购实现外延式扩张。在这些高收益项目中，投资收益最高的定增项目，是价值低估的中小市值上市公司，通过内生成长和外延并购等多种方式进行业务扩张，不断提升上市公司的资产回报，并实施高比例分红提高股票的流动性溢价。

（三）管理项目风险

在定增投资以后，除了提升资产价值以外，也要管理好项目风险。在项目投资前，通常会对产业趋势、行业政策、企业经营和募投项目进行深入研究，评估项目的投资风险。在项目投资完成后，存量业务经营、募投项目建设和资产收购等变化是项目主要的内部风险，外部环境和市场变化带来的系统性风险是项目主要的外部风险。

对于项目的内部风险，可以与上市公司大股东积极合作，发挥定增投资机构作为外部积极股东的作用，优化公司治理和提升经营效益。对于项目的外部风险，可以使用股指期货或股指期权等对冲工具，锁定定增投资期间的项目盈利，对冲资本市场下跌带来的系统性风险，规避外部环境和市场变化对定增投资的不利影响。

三、中新融创的投资实践

（一）中新融创的业务布局

中新融创是一家专注于上市公司股权投资的私募投资及资产管理公司，从 2011 年成立至今一直积极开展定增投资，过去 6 年累计投资 80 余家上市公司，投资总额超过 200 亿元。在清科集团和投中集团的评选中，2015 年获得中国定增投资机构（私募）TOP5（第 2 名）、中国私募股权投资机构 50 强，2016 年获得中国私募股权投资机构 100 强（位列第 23 名）。

中新融创的核心业务是上市公司股权投资，包括上市公司战略投资和非上市资产并购投资以及定增策略组合投资，业务覆盖 A 股和 H 股，行业聚焦在农业食品、能源环保、消费服务、智能制造和汽车产业五大领域，未来将继续拓展到其他新兴产业。

（二）中新融创的投资模式

1. 上市公司战略投资

中新融创围绕产业发展和资本运作中的重大机会，聚焦在有前景的产业，选择优质的上市公司进行投资与合作，投资主题包括增长、整合、转型，采用定增投资、并购重组、大宗交易、二级市场、可转换债、可转换债等多种方式，大比例持有上市公司股权，成为上市公司有影响力的重要股东，通过经营提升、金融服务和资产并购，支持企业的内生成长和外延并购扩张，提升被投企业的财务实力和公司价值。

2. 非上市资产并购投资

中新融创与已投资的上市公司及大股东合作，共同设立并购基金和发行夹层基金，对新兴行业的优质非上市资产实施并购投资和资产孵化，或将价值低估上市公司旗下的优质资产进行资产分拆、逆向并购和资产证券化。

3. 策略组合定增投资

中新融创面向全市场发行的定增项目，以“中低风险、中高收益”作为投资目标，采用“全覆盖、精选、组合、择时对冲”的投资策略，在对个股合理估值基础上，筛除回撤风险大的项目，通过多维度、多策略精选拟投项目，进行组合投资，在定增锁定期内根据市场变化，择机使用股指期货或股指期权对冲市场风险。

（三）中新融创的投资案例

1. 业务增长——浩泽净水（2015 年，2016 年）

浩泽净水（02014. hk）是国内领先的净水服务商，在商用净水机领域处于行业第一。近年来净水机市场爆发增长，市场空间巨大但行业集中度低。浩泽净水计划从商业净水领域拓展到家用净水领域和空气净化领域，处于业务增长和产业扩张的战略投入期，2015 年公司经营收入增长 45%，2016 年上半年经营收入增长 25%。

2015 年 12 月，中新融创以可转换债方式对浩泽净水投资 3.2 亿元，并协调资源通过融资租赁提供 7500 万元。2016 年 12 月，中新融创追加投资 3 亿元，通过大宗收购继续增持浩泽净水，成为战略投资股东，为公司提供中长期资本支持，聘请顶尖咨询机构梳理发展战略，优化股权结构，筹划用好两地资本市场，扩张公司业务和整合产业链（如图 7 所示）。

2. 产业整合——TCL（2010 年，2014 年）

TCL（000100. sz）是全球化的智能产品制造及互联网应用服

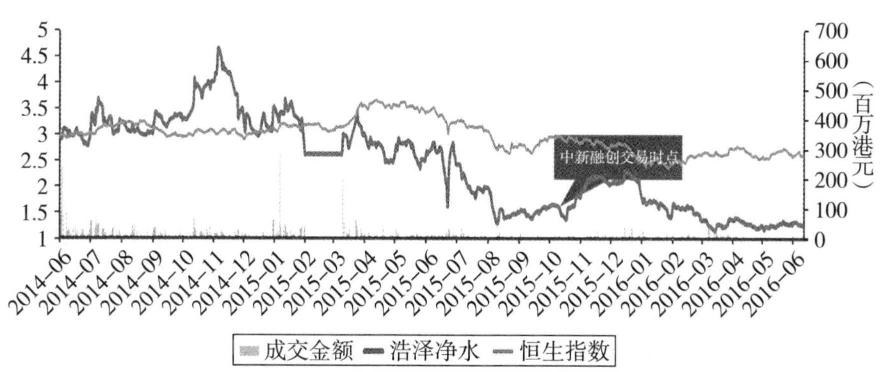

图7　2014—2016 年浩泽净水股价走势和恒生指数走势

务的行业龙头企业，主营电视机、手机、白色家电及液晶面板等。2010 年 7 月，TCL 定增募资 50 亿元，新建第 8.5 代液晶面板生产线进行产业链延伸，2011 年公司收入同比增长 20%，净利润增长 100%。2014 年 2 月，TCL 定增募资 20 亿元，用于支付收购华星光电股权进行产业整合，2014 年公司收入同比增长 18%，净利润增长 50%。

中新融创在 2010 年和 2014 年分别投资 11 亿元和 2.4 亿元，并获得一席董事席位，共同成立了 5 亿元的产业并购基金，在项目投资中准确判断定增募投项目业务扩张和产业整合的盈利前景，分享公司价值成长，把握了市场底部投资机会，并在资本市场高位时卖出，定增项目的投资收益率超过 200%（如图 8 所示）。

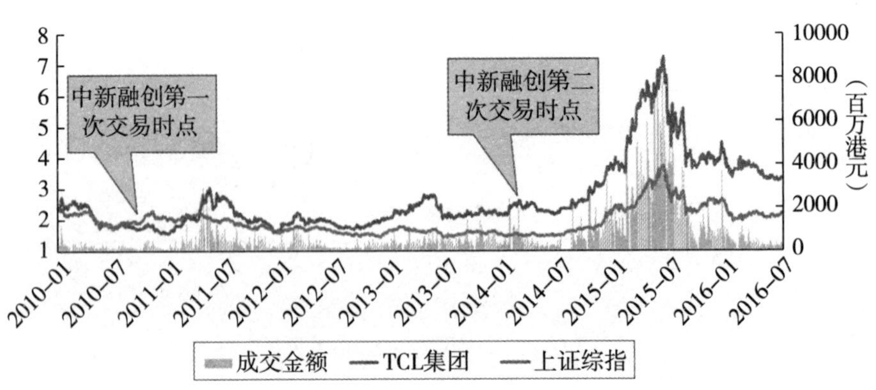

图 8　2010—2016 年 TCL 股价走势和上证综指走势

3. 并购转型——凯撒股份（2013 年）

凯撒股份（002425. SZ）是服装设计研发、生产和销售公司。2013 年 7 月，凯撒股份定增募资 5. 6 亿元，计划用于国内销售网络建设。

中新融创投资 3. 2 亿元，通过定增入股成为上市公司的战略投资者，并获得一席董事席位。在服装行业增长放缓和利润下滑，公司成长性与盈利性遇到极大挑战的情况下，帮助公司调整业务结构和发展转型，协助公司连续并购互联网和文化行业的优质资产，提升公司产业价值。在定增投资后 2 年内，公司利润增长了 200%，公司市值增长了 400%，定增项目的投资收益率也超过了 200%（如图 9 所示）。

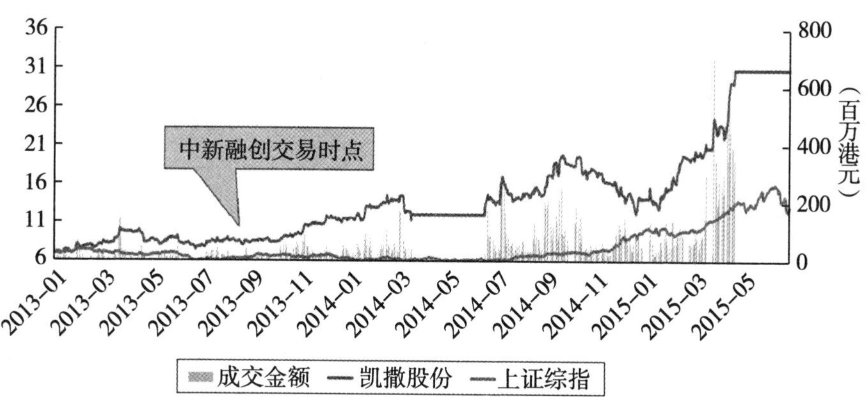

图 9　2013—2015 年凯撒股份股价走势和上证综指走势

附录：

2016 年解禁的高收益定增项目列表

股票代码	公司名称	发行日期	限售解禁日	定增收益（%）	认购折价（%）	沪深 300 指数同期变化（%）	发行市值（亿元）	募资总额（亿元）	Wind 一级行业	Wind 四级行业	增发目的
300247. SZ	乐金健康	2014 - 11 - 19	2016 - 03 - 31	120	13. 35	26. 84	20. 85	0. 36	可选消费	家用器具与特殊	配套融资
000555. SZ	神州信息	2014 - 12 - 08	2016 - 01 - 22	79	18. 92	- 4. 29	142. 30	5. 76	信息技术	信息科技咨询与	配套融资
002059. SZ	云南旅游	2014 - 12 - 11	2016 - 01 - 06	122	16. 15	11. 21	29. 48	1. 58	可选消费	酒店、度假村与	配套融资
300007. SZ	汉威电子	2014 - 12 - 11	2016 - 01 - 11	52	3. 21	0. 30	34. 83	1. 68	信息技术	电子设备和仪器	配套融资
002616. SZ	长青集团	2014 - 12 - 19	2016 - 01 - 13	76	24. 08	- 6. 72	31. 66	5. 51	可选消费	家用电器	项目融资
300116. SZ	坚瑞沃能	2014 - 12 - 19	2016 - 03 - 29	250	20. 08	- 7. 32	19. 44	1. 40	材料	特种化工	配套融资
002261. SZ	拓维信息	2014 - 12 - 22	2016 - 02 - 15	46	- 3. 92	- 13. 19	72. 57	4. 86	电信服务	综合电信服务	配套融资
600568. SH	中珠医疗	2014 - 12 - 24	2016 - 01 - 21	45	30. 48	- 4. 61	34. 83	13. 35	医疗保健	医疗保健设备	项目融资
300266. SZ	兴源环境	2015 - 01 - 08	2016 - 05 - 16	137	11. 72	- 13. 04	64. 64	0. 20	工业	环境与设施服务	配套融资
000700. SZ	模塑科技	2015 - 01 - 12	2016 - 02 - 19	49	6. 08	- 13. 15	38. 66	6. 20	可选消费	机动车零配件与	项目融资
300250. SZ	初灵信息	2015 - 01 - 13	2016 - 02 - 15	85	25. 33	- 16. 14	24. 10	1. 16	信息技术	通信设备	配套融资
300336. SZ	新文化	2015 - 01 - 13	2016 - 03 - 18	246	11. 89	- 9. 73	51. 36	5. 00	可选消费	电影与娱乐	配套融资
002596. SZ	海南瑞泽	2015 - 01 - 20	2016 - 02 - 15	196	15. 00	- 13. 24	22. 95	1. 20	材料	建材	配套融资
600172. SH	黄河旋风	2015 - 01 - 23	2016 - 02 - 05	127	21. 05	- 17. 02	35. 20	10. 67	材料	金属非金属	项目融资

续　表

股票代码	公司名称	发行日期	限售解禁日	定增收益（%）	认购折价（%）	沪深300指数同期变化（%）	发行市值（亿元）	募资总额（亿元）	Wind一级行业	Wind四级行业	增发目的
600116. SH	三峡水利	2015－01－26	2016－02－04	55	6. 62	－17. 27	36. 25	8. 60	公用事业	电力	项目融资
300166. SZ	东方国信	2015－01－27	2016－03－18	60	9. 50	－11. 27	88. 03	1. 50	信息技术	信息科技咨询与	配套融资
601011. SH	宝泰隆	2015－01－27	2016－02－15	53	22. 85	－17. 57	32. 93	13. 62	能源	煤炭与消费用燃料	项目融资
300224. SZ	正海磁材	2015－02－04	2016－04－12	37	2. 68	－5. 39	64. 56	1. 30	材料	金属非金属	配套融资
600373. SH	中文传媒	2015－02－05	2016－02－15	37	8. 30	－12. 48	185. 97	8. 87	可选消费	出版	配套融资
300201. SZ	海伦哲	2015－02－09	2016－03－28	139	8. 33	－5. 27	23. 23	0. 24	工业	建筑机械与重型	配套融资
002580. SZ	圣阳股份	2015－02－10	2016－03－23	51	0. 43	－5. 01	19. 89	2. 56	工业	电气部件与设备	项目融资
600871. SH	石化油服	2015－02－10	2016－03－03	32	23. 21	－10. 23	576. 42	60. 00	能源	石油天然气设备	配套融资
002643. SZ	万润股份	2015－02－10	2016－03－14	100	2. 62	－10. 02	44. 10	10. 28	材料	特种化工	融资收购其他资产
600283. SH	钱江水利	2015－02－11	2016－03－02	32	16. 84	－11. 15	31. 41	7. 45	公用事业	水务	项目融资
300083. SZ	劲胜精密	2015－02－12	2016－03－18	34	6. 41	－7. 87	47. 33	15. 00	信息技术	电子元件	项目融资
000836. SZ	鑫茂科技	2015－02－13	2016－03－14	135	20. 59	－11. 65	23. 69	8. 94	信息技术	通信设备	项目融资
600512. SH	腾达建设	2015－02－16	2016－03－14	31	21. 71	－12. 40	23. 66	9. 02	工业	建筑与工程	项目融资
002644. SZ	佛慈制药	2015－03－03	2016－04－11	66	18. 77	－7. 92	33. 61	5. 02	医疗保健	中药	项目融资
300088. SZ	长信科技	2015－03－17	2016－04－11	40	3. 54	－14. 03	98. 01	12. 08	信息技术	电子元件	项目融资
002707. SZ	众信旅游	2015－03－20	2016－04－05	257	50. 72	－16. 14	48. 28	2. 10	可选消费	酒店、度假村与	配套融资

续 表

股票代码	公司名称	发行日期	限售解禁日	定增收益（%）	认购折价（%）	沪深 300 指数同期变化（%）	发行市值（亿元）	募资总额（亿元）	Wind 一级行业	Wind 四级行业	增发目的
002252. SZ	上海莱士	2015 – 04 – 17	2016 – 05 – 03	47	18. 79	– 30. 08	699. 14	6. 60	医疗保健	生物科技	配套融资
000911. SZ	南宁糖业	2015 – 05 – 11	2016 – 06 – 17	80	16. 77	– 33. 69	38. 84	5. 07	日常消费	食品加工与肉类	项目融资
000564. SZ	西安民生	2015 – 07 – 09	2016 – 08 – 26	91	10. 32	– 15. 15	25. 09	4. 45	可选消费	百货商店	配套融资
002273. SZ	水晶光电	2015 – 07 – 21	2016 – 08 – 05	54	23. 42	– 23. 07	84. 28	12. 21	信息技术	电子元件	项目融资
600604. SH	市北高新	2015 – 08 – 03	2016 – 08 – 22	122	23. 00	– 12. 86	70. 59	4. 76	房地产	房地产开发	配套融资
600639. SH	浦东金桥	2015 – 08 – 04	2016 – 08 – 15	55	21. 20	– 14. 05	130. 50	27. 20	房地产	房地产开发	实际控制人资产注入
002426. SZ	胜利精密	2015 – 08 – 17	2016 – 09 – 12	45	23. 53	– 19. 99	160. 45	4. 59	可选消费	消费电子产品	配套融资
002460. SZ	赣锋锂业	2015 – 08 – 17	2016 – 09 – 30	139	13. 22	– 20. 22	90. 11	1. 20	材料	金属非金属	配套融资
600419. SH	天润乳业	2015 – 08 – 17	2016 – 09 – 01	106	16. 27	– 19. 04	24. 45	0. 88	日常消费	食品加工与肉类	配套融资
002600. SZ	江粉磁材	2015 – 08 – 24	2016 – 09 – 19	74	16. 06	– 0. 38	36. 55	3. 87	信息技术	电子元件	配套融资
600699. SH	均胜电子	2015 – 08 – 25	2016 – 09 – 08	53	5. 48	9. 75	134. 86	11. 28	可选消费	机动车零配件与融资收购	其他资产
600807. SH	天业股份	2015 – 08 – 26	2016 – 09 – 12	71	38. 54	7. 83	49. 33	10. 64	房地产	房地产开发	项目融资
002559. SZ	亚威股份	2015 – 09 – 11	2016 – 10 – 10	45	15. 91	– 1. 59	35. 73	0. 35	工业	工业机械	配套融资
600200. SH	江苏吴中	2015 – 09 – 22	2016 – 10 – 13	47	28. 21	– 1. 09	78. 70	5. 14	工业	综合类行业	项目融资
002329. SZ	皇氏集团	2015 – 09 – 29	2016 – 10 – 28	62	25. 11	5. 07	81. 99	2. 19	日常消费	食品加工与肉类	配套融资
300256. SZ	星星科技	2015 – 10 – 12	2016 – 11 – 14	94	21. 67	– 0. 51	44. 74	3. 97	信息技术	电子元件	配套融资

续 表

股票代码	公司名称	发行日期	限售解禁日	定增收益（%）	认购折价（%）	沪深 300 指数同期变化(%)	发行市值（亿元）	募资总额（亿元）	Wind 一级行业	Wind 四级行业	增发目的
300038. SZ	梅泰诺	2015 - 10 - 12	2016 - 11 - 25	76	16. 00	2. 13	41. 83	3. 00	信息技术	通信设备	配套融资
300247. SZ	乐金健康	2015 - 10 - 14	2016 - 11 - 14	59	22. 53	0. 71	29. 61	2. 02	可选消费	家用器具与特殊	配套融资
300370. SZ	安控科技	2015 - 10 - 15	2016 - 11 - 18	57	11. 89	- 1. 99	29. 90	0. 81	信息技术	电子设备和仪器	配套融资
002407. SZ	多氟多	2015 - 10 - 16	2016 - 11 - 14	170	26. 87	- 2. 94	69. 06	6. 01	材料	基础化工	项目融资
600619. SH	海立股份	2015 - 10 - 16	2016 - 11 - 04	50	19. 63	- 5. 09	64. 71	3. 73	工业	工业机械	配套融资
300239. SZ	东宝生物	2015 - 10 - 20	2016 - 11 - 14	51	15. 28	- 4. 12	22. 56	3. 76	医疗保健	生物科技	项目融资
002709. SZ	天赐材料	2015 - 10 - 21	2016 - 11 - 14	280	5. 43	- 1. 24	42. 89	2. 61	材料	特种化工	融资收购其他资产
002502. SZ	骅威文化	2015 - 10 - 22	2016 - 11 - 11	54	33. 02	- 3. 04	59. 57	4. 44	可选消费	休闲用品	配套融资
002217. SZ	合力泰	2015 - 10 - 22	2016 - 11 - 18	31	21. 34	- 3. 04	174. 66	8. 84	信息技术	电子元件	配套融资
600980. SH	北矿科技	2015 - 10 - 26	2016 - 11 - 04	49	15. 84	- 6. 55	23. 41	4. 00	材料	金属非金属	融资收购其他资产
600682. SH	南京新百	2015 - 10 - 27	2016 - 11 - 30	64	46. 44	- 1. 53	164. 50	1. 93	可选消费	百货商店	配套融资
002562. SZ	兄弟科技	2015 - 11 - 03	2016 - 12 - 02	107	19. 76	1. 83	33. 18	8. 00	材料	多元化工	项目融资
000413. SZ	东旭光电	2015 - 11 - 06	2016 - 12 - 19	69	24. 05	- 12. 24	181. 55	80. 00	信息技术	电子元件	壳资源重组
600891. SH	秋林集团	2015 - 11 - 09	2016 - 11 - 21	43	19. 76	- 10. 40	41. 88	4. 50	可选消费	百货商店	配套融资
002596. SZ	海南瑞泽	2015 - 11 - 25	2016 - 12 - 16	34	24. 82	- 11. 52	62. 75	2. 50	材料	建材	配套融资
600758. SH	红阳能源	2015 - 11 - 27	2016 - 12 - 16	37	39. 27	- 5. 93	87. 57	19. 84	公用事业	复合型公用事业	配套融资
000563. SZ	陕国投 A	2015 - 11 - 24	2016 - 12 - 30	55	24. 32	- 11. 82	117. 58	32. 00	金融资产	管理与托管	补充流动资金

新三板融资——传统资本市场的机遇与挑战

梁　莉　东北证券北京分公司资本市场部总经理、

投资银行业务董事总经理

新三板市场是指由中国证券业协会主办，专为国家级科技园区非上市科技公司提供的代办股份转让系统。对优秀企业来说，新三板提供了一种多样化、多层次的资本市场路径，可以通过新三板这个大的市场一步步向上升级，从协议转让到做市转让，再到未来的竞价交易。由于新三板上市条件远较主板上市简单，没有特定业绩指标的要求，自2006年1月23日设立起，其规模发展迅猛。截至2016年年底，新三板挂牌企业家数成功突破10000家，正式迈入万家时代，成为承载中国经济转型希望的新兴资本市场。本文详细介绍了新三板的基本概况、融资特点和市场情况，并重点对新三板的定向增发进行了对比分析，旨在为读者呈现一幅完整的新三板全貌。

作者简介

梁　莉　经济学硕士，东北证券北京分公司资本市场部总经理、投资银行业务董事总经理。主要从事股票和债券的发行与承销等投资银行业务。曾先后主持或参与上海电气、金地集团、兴业银行、交通银行、工商银行、顺网科技、世纪瑞尔、渤海轮渡、天保重工、跃岭股份、火炬电子、双杰电气、通宇通讯、万集科技、美联股份、凯众股份、保千里、生物股份、新洋丰、豫金刚石等多家公司的再融资和首次公开发行工作；飞拓无限、阿波罗、东霖食品等三板企业的融资以及北大方正集团、江苏丰县城投、长沙通途、青岛滕建、江苏瀚瑞、靖江城投、青岛西海岸和青岛海西等企业债和非公开债券的发行工作。

一、多层次资本市场中的新三板

要想理解新三板市场在我国资本市场中的定位和特征，首先应该了解我国多层次资本市场的现状。

多层次资本市场是指基于多层次投融资需求和风险分层管理要求而划分的资本市场体系。狭义的多层次资本市场主要指多层次股票市场；广义的多层次资本市场除了包含股票市场外，还包含债券市场、衍生品市场等多个金融市场。

在多层次股票市场中，若按交易形式分类可以分为交易所和股权市场。其中交易所市场又可称为场内市场；股权市场又可称为场外市场。在我国的多层次资本市场体系中，场内市场主要包括主板、中小板和创业板；场外市场主要包括全国中小企业股份转让系统，即新三板以及区域性股权交易市场（如图1所示）。

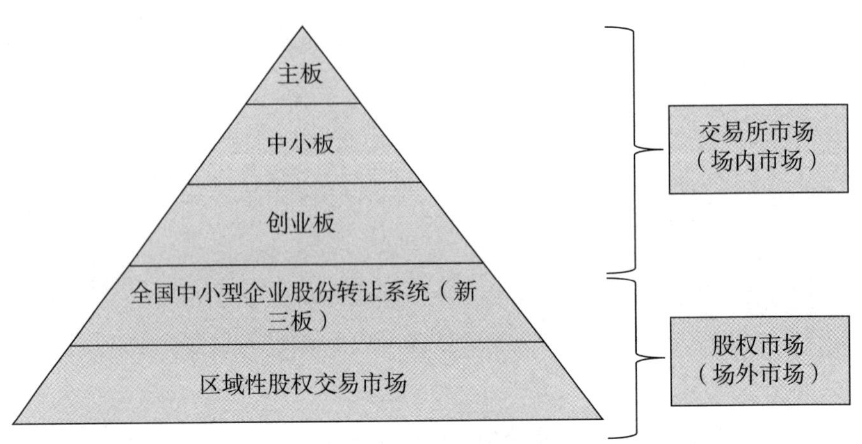

图 1　我国多层次股票市场概览

目前，我国多层次资本市场结构中的场内市场部分呈“倒金字塔”形状。主板上市公司数量最多，总市值更是遥遥领先；中小板上市公司数量不足主板一半，总市值仅约为主板总市值的 25%；创业板上市公司数量最少，总市值最小。

然而，这种情况与普遍公认最为健康的“金字塔”结构正好相反。现实情况中，作为以蓝筹股为主的主板市场，我国主板上市公司数目较多，市值占比过高；作为中小企业摇篮的中小板市场，其公司数量和规模均远低于主板市场；而创业板市场作为中小型企业的创业创新助推器，其规模本应高于主板和创业板。

近年来，在国家政策的扶持和中小企业自身强烈需求的共同促进下，新三板挂牌企业数量实现爆发式增长，截至 8 月 19 日，新三板挂牌企业数量达到 8781 家。作为理想多层次资本市场结构中重要的“基石”部分，新三板的快速发展为健全我国资本市场体系做出了正面贡献（如图2所示）。

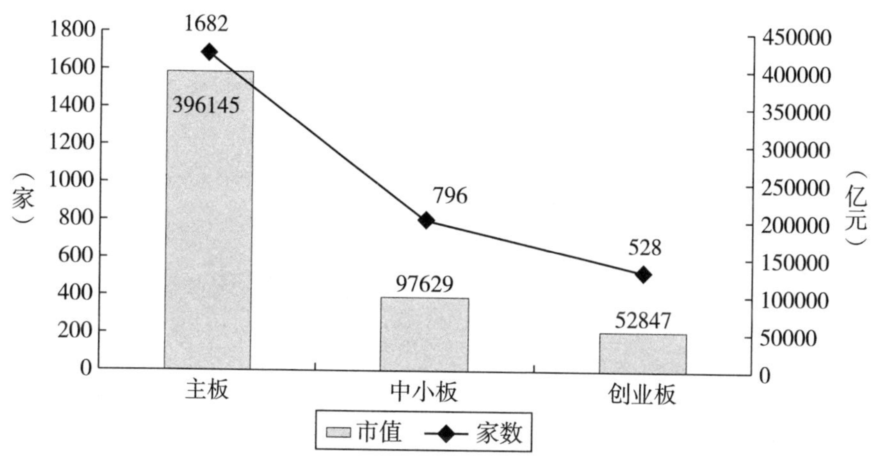

图2 “倒金字塔”结构的资本市场现状

资料来源：万得资讯、东北证券资本市场部。

目前，我国的金融体系中仍以间接融资为主，直接融资占比较少，中小企业进入资本市场难度较大。我国中小企业融资难的问题由来已久，很重要的原因之一是中小企业进行股权融资时，融资方和投资方无法做到准确高效的对接。一方面，我国中小企业数量众多，融资需求强；另一方面，以民间资本为代表的出资方由于受到地理位置、信息不对称等因素的限制，难以与资金需求企业较好对接。从更高的层面看，我国经济正处在战略转型与结构升级的关键时期，国家迫切需要推进战略新兴产业的发展。大量中小企业的经营方向与国家战略发展方向相同，积极扶持这些中小企业势在必行。在此背景下新三板的推出，既符合国家政策的方向，又能满足中小企业切身发展的需求。新三板的出现，为解决中小企业融资难的问题带来了新的思路和解决办法。

对于中小企业来说，登陆新三板主要能获得以下好处：

1. 拓宽融资渠道

新三板企业挂牌后，融资渠道大大拓宽。挂牌企业可以根据自身需求，灵活实行定向增发融资。新三板企业的定向增发程序较主板定增程序相对简便，融资周期短，效率高。另外，企业登陆新三板后，由于其日常经营和信息披露的规范性有显著提高，企业信用增加，更易在银行取得贷款。同时，新三板企业还可以通过发行中小企业私募债和优先股等多种方式灵活融资。

2. 规范公司运作

在新三板挂牌的企业接受了券商等中介机构提供的改制规范服务，建立了完善的公司治理体系及信息披露制度，经过与主板券商等中介机构的合作，企业能够更加明确、具体地阐述其经营的业务、产品或服务、用途及其商业模式等信息。企业经营的规范性大大提高。

3. 保障股东权益

由于挂牌后企业的运作规范性得到显著提高，董事会、股东大会等制度也逐步完善。只有在规范且合规运作的情况下，股东权益才能得到最大程度的保障。

4. 政策优惠和税收减免

近年来，国家陆续出台多项政策，鼓励企业挂牌新三板。其中，主要包括地方政府财政补贴政策和税收减免政策。一方面，地方政府根据自身实际情况推出资金补贴政策；另一方面，税收的减免也使得企业可以以更小成本登陆新三板市场。

5. 新三板转板制度

2012 年 5 月，中国证监会开始引入新三板转板制度，新三板企业满足一定标准和条件即可转板，成为上市公司。从那之后，国务院和全国中小企业股份转让有限公司等监管机构不断明确新三板转板制度的合理性及转板制度细则。目前，我国共有 11 家挂牌新三板的企业申请转板，其中大部分选择登陆创业板。截至目前，尽管尚未有新三板公司成功转板，不过随着转板制度在多层次资本市场中“桥梁”作用的不断显现，积极推行转板制度势在必行。

6. 增加企业知名度，利于吸引人才

公司在主办券商的指导下，将规范对员工的各种保障制度；通过股权激励等制度，实现公司利益与个人利益的有机结合，有效吸引并留住人才。新三板具有指定的信息披露网站，挂牌公司有各自证券代码，公司挂牌后通过持续信息披露等行为，可以充分展示公司的经营等情况，公司的知名度及产品竞争力将得到显著提升。

二、新三板概况

新三板的发展历程主要经历了三个阶段。

第一阶段为初创阶段。最初，为了解决原 STAQ、NET 公司法人股及退市公司的历史遗留问题，代办股份转让系统于 2001 年 6 月 12 日正式启动，并于 2002 年 8 月 29 日起开始将退市公司纳入三板市场，这一阶段也称为“旧三板市场”。

第二阶段为试点推广阶段。在精心挑选后，2006 年 1 月，中关村园区股份报价转让试点正式启动，标志着全国第一个新三板试点园区的设立。在经过了一年多的总结和摸索后，2012 年 8 月，将上海、武汉和天津三个高新技术园区纳入试点范围。

第三阶段为全国推广阶段。2003 年 1 月，全国中小企业股份转让系统正式挂牌，并在当年 12 月由国务院发文正式明确新三板全国扩容。我国出现了服务于非上市公司的全国性证券交易场所，由此新三板的地域范畴由仅仅局限于四个试点园区内发展到全国范围（如图 3 所示）。

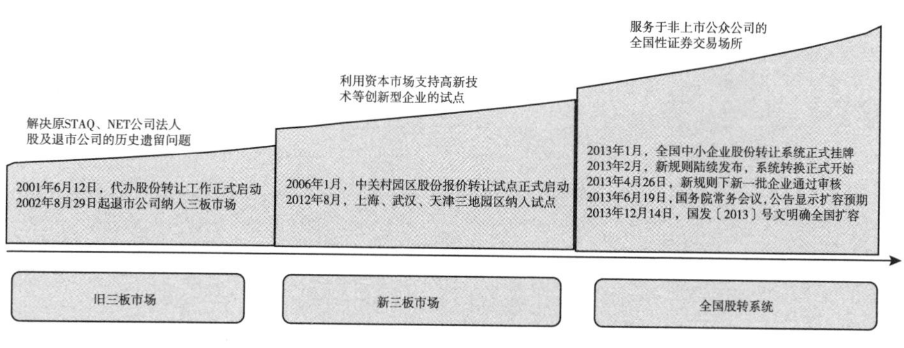

图 3　新三板发展历程

在进入全国推广阶段后，随着挂牌公司数量的快速增加，以及挂牌企业的不断融资，新三板的总体规模快速增长。在新三板出现初期，由于市场参与者的不足、对新三板研究的不成熟和部分投资者盲目的热情和投机意愿，新三板整体市盈率不断走高，偏离企业实际盈利情况。随着市场参与者的逐渐增加和投资者对于新三板研究的不断深入，新三板整体估值水平开

始理性回归。（如图 4 所示）

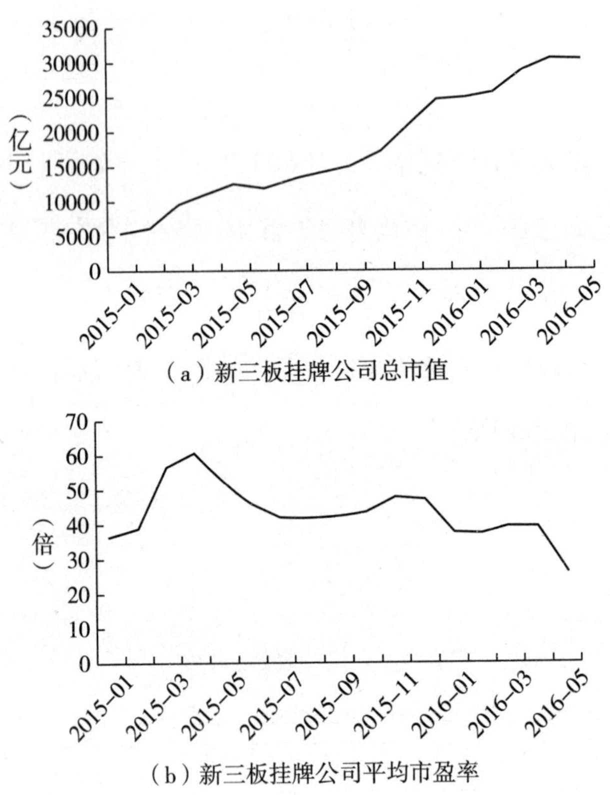

（a）新三板挂牌公司总市值

（b）新三板挂牌公司平均市盈率

图 4　新三板总市值和平均市盈率

资料来源：全国股份转让系统，东北证券资本市场部。

新三板挂牌企业的行业分布相对较为集中，以制造业和信息传输、软件和信息技术服务业为主。2014 年两者所占比例之和高达 79%。进入 2015 年，挂牌企业开始呈现行业多样化发展，但制造业和信息传输、软件和信息技术服务业的占比仍超过 70%。如图 5 和表 1 所示。

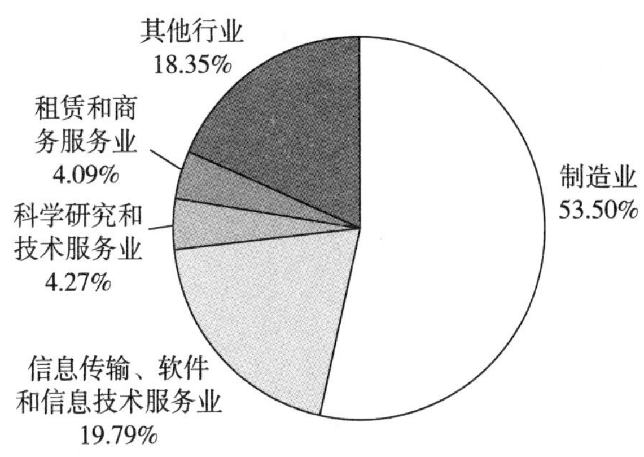

（a）2015年年末新三板企业行业分布

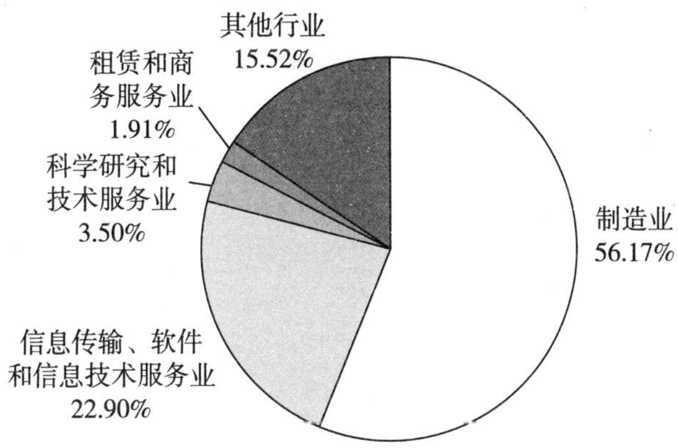

（b）2014年年末新三板企业行业分布

图 5　挂牌企业行业分布

2015 年，新三板企业共计发行股票 2565 次，较 2014 年的 329 次实现了飞跃式的发展。2015 年，发行股票的挂牌公司多集中在制造业、信息传输、软件和信息技术服务业以及租赁和商务服务业。值得注意的是，尽管金融企业发行股票次数少，但单笔融资额高，总体融资金额占比高。（如图 6 所示）

表 1　　挂牌企业行业分布

行业分类	2015 年年末		2014 年年末	
	公司家数（家）	占比（%）	公司家数（家）	占比（%）
制造业	2744	53.50	883	56.17
信息传输、软件和信息技术服务业	1015	19.79	360	22.90
科学研究和技术服务业	219	4.27	55	3.50
租赁和商务服务业	210	4.09	30	1.91
批发和零售业	169	3.30	26	1.65
建筑业	157	3.06	57	3.63
农、林、牧、渔业	119	2.32	38	2.42
金融业	105	2.05	12	0.76
文化、体育和娱乐业	104	2.03	28	1.78
水利、环境和公共设施管理业	78	1.52	24	1.53
交通运输、仓储和邮政业	59	1.15	15	0.95
电力、热力、燃气及水生产和供应业	33	0.64	5	0.32
房地产业	26	0.51	0	0
采矿业	24	0.47	14	0.89
卫生和社会工作	24	0.47	11	0.70
教育	19	0.37	4	0.25
居民服务、修理和其他服务业	13	0.25	7	0.45
住宿和餐饮业	11	0.21	1	0.06
综合	0	0	2	0.13
合计	5129	100.00	1572	100.00

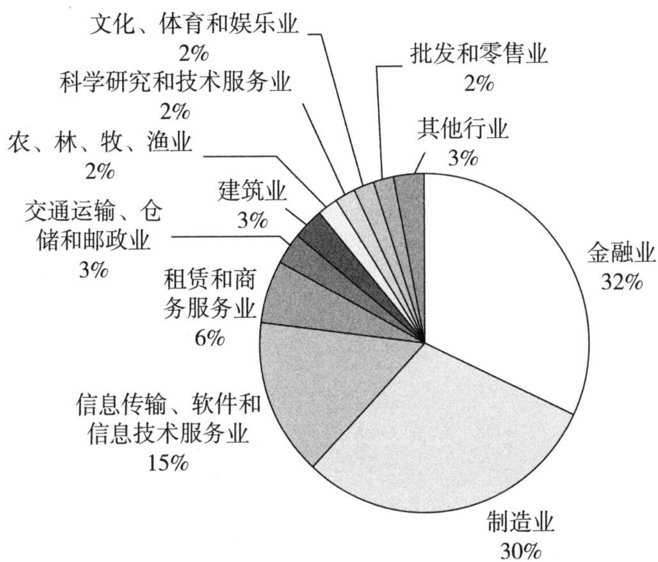

（a）2015年全国股转系统股票发行金额行业占比

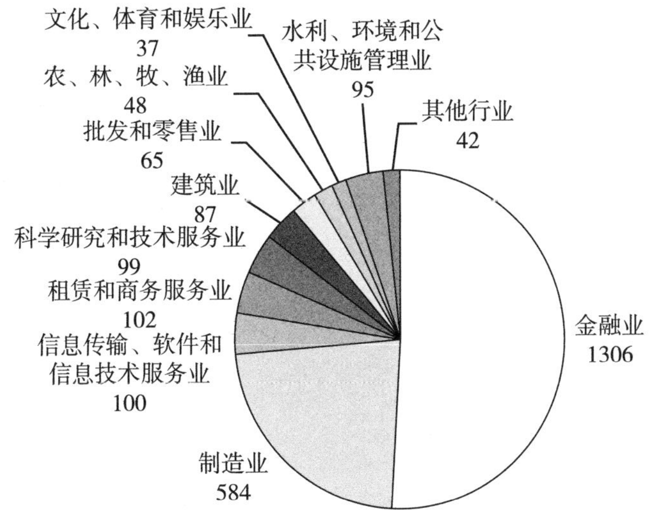

（b）2015年全国股转系统股票发行次数行业分布

图 6　挂牌公司 2015 年股票发行行业分布

资料来源：全国股份转让系统，东北证券资本市场部。

三、新三板融资特点

相对于主板和创业板而言，新三板由于其自身独特的属性，在融资方式上也存在一定特点。目前，新三板企业以私募融资作为主要融资方式，主要分为私募股权融资和私募债权融资。

由于新三板企业自身存在一定局限性，债券融资并非新三板企业融资的最有效途径。根据Wind资讯统计，截至目前，新三板企业累计发行债券仅27次，共计募集资金68.018亿元，平均募集资金2.52亿元，债券平均利率7.56%，规模整体较小，利率偏高。

目前，对于新三板已挂牌企业来说，定向增发具有自主定价、自主配售、设计灵活、融资周期短等显著优势，成为新三板挂牌企业的主流融资方式。

新三板融资主要具有以下特点：

1. 挂牌同时可进行定向增发

目前，监管机构允许新三板挂牌企业在挂牌时进行定向股权融资，凸显了新三板的融资功能，显著缩短了企业的融资周期。

2. 可采取储架发行

允许新三板挂牌企业在融资发行时采用“一次核准，多次发行”的方式，从而减少审批次数，提高融资效率。

3. 小额融资豁免

挂牌公司向特定对象发行股票后股东累计不超过 200 人的，或者公众公司在 12 个月内发行股票累计融资额低于公司净资产 20% 的，豁免向中国证监会申请核准，但发行对象应当符合相关条件，并在每次发行后 5 个工作日内报中国证监会备案。

4. 灵活设定锁定期

由于新三板增资不对新增股份做锁定期要求，因此我们可以对锁定期后的新增股份限售期进行规定，除非定向增发对象自愿做出关于股份限售方面的特别约定，否则，定向增发的股票无限售要求，股东可随时转让。

5. 发行对象

发行对象不得超过 35 人，向符合条件的机构投资者和个人投资者发行。合格投资者包括合格机构投资者和合格个人投资者。

对于合格机构投资者，要求机构实缴资本满足500万元，需要企业提供经审计的财务报表或验资报告。对于合伙企业，要求实缴资本满足500万元，唯一证明实缴资本的方式是提供经审计的财务报表或会计师事务所出具的验资报告，不承认合伙企业协议、银行存款回单、未经审计的报表等形式。

对于合格个人投资者，要求其名下前一交易日日终证券类资产市值500万元以上，资产计入范围包括客户交易结算资金、在沪深交易所和全国股份转让系统挂牌的股票、基金、债券等场内资产。证券类资产计入范围不含信用账户资产、场外基金、理财产品、私募产品、OTC资产。同时，要求投资者具有两年以上证券投资经验，或具有会计、金融、投资、财经等相关专业背景或培训经历。此处“相关专业背景或培训经历”仅指国家承认的高校相关专业毕业证书，或考取的国家承认的各类证书。不承认非官办的职业学院证书、社会机构培训经历、公司的职业经历证明等。

同样，相对于主板来说，新三板的增发流程具有一定灵活性。若增发后股东累计人数不超过200人，则可豁免核准；若超过200人，则需要报监管机构审批。在合法合规的基础上，尽管具体步骤可能根据不同项目的实际情况有所调整，但整体的增发流程如图7所示。

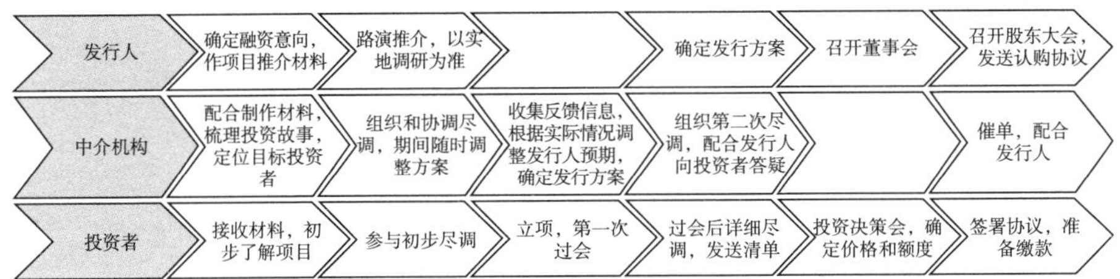

图 7　新三板增发流程

从图 7 中可以看出，在新三板企业增发过程中，证券公司作为最重要的中介机构，肩负着协调发行人与投资者的重要使命，是发行人和投资者对接过程中的重要桥梁。

四、新三板融资市场情况

2015 年以来，新三板迎来爆发式增长，2015 年全年共发行股票 2565 次，实际募集资金 1216.17 亿元，同比巨幅增长 836%（如图 8 所示）。

进入 2016 年，新三板月度完成发行次数和完成募集资金额基本保持平稳，但是由于储备项目不断增多，拟发行项目的数量和融资额持续走高，预计未来新三板的融资规模还将持续增长（如图 9 所示）。

与主板不同，新三板定增采取发行人和投资者协商定价，因

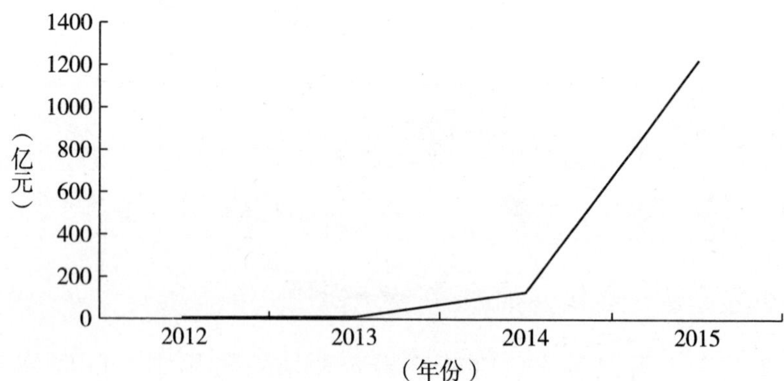

图 8　新三板增发实际募集资金

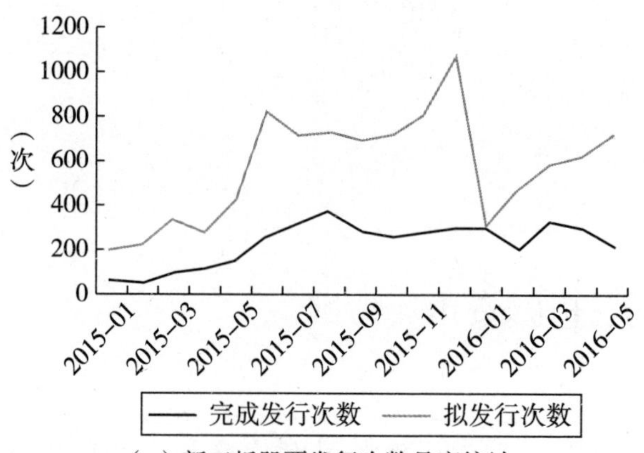

（a）新三板股票发行次数月度统计

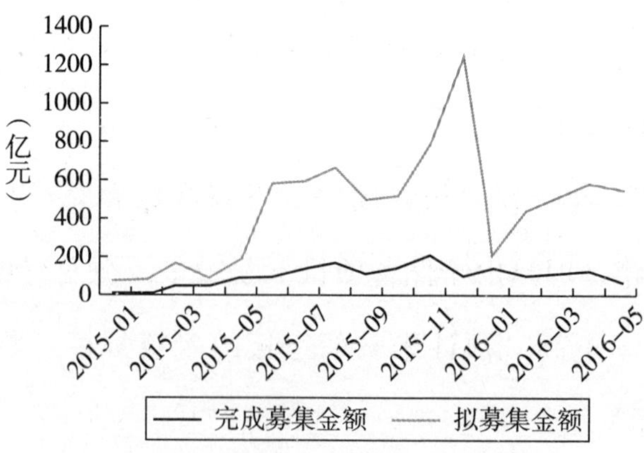

（b）新三板股票发行单月募集资金额统计

图 9　新三板融资规模月度统计

此定增价格相对灵活，发行价格波动大。

据统计，2013 年 1 月 1 日到 2016 年 6 月 14 日，“1 元定增”一共出现过 161 次。另外，高价增发也偶有出现，价格达到 100 元及以上的定增一共出现 10 次，其中挂牌公司九鼎投资的定增价格更是高达 610 元（如图 10 所示）。

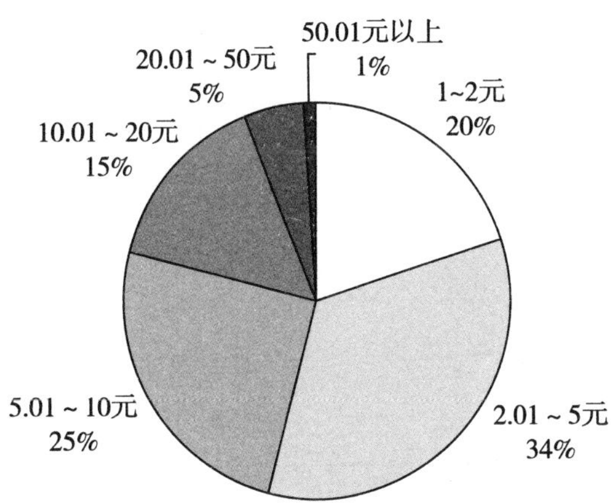

图 10　新三板定增价格统计（2013 年 1 月 1 日至 2016 年 6 月 14 日定向增发实施次数）

资料来源：Wind 资讯，东北证券资本市场部。

新三板投资者的结构也存在一些显著特点。与中国股市传统的“二八定律”不同，参与新三板定向增发的投资者中个人投资者占最高比例，机构投资者占比较少。另外，受各种因素影响，个人投资者参与新三板定增的比例逐渐下降，与此同时，关联方和机构投资者的占比有所提升。如表 2 和图 11 所示。

表 2　　2014 年 6 月 1 日至 2016 年 1 月 31 日前三板定增统计

投资者类型	参与次数	占比（%）
个人投资者	21194	47. 67
关联方	11959	26. 90
证券公司	3740	8. 41
投资公司	2981	6. 70
基金公司资管计划	862	1. 94
私募证券基金	679	1. 53
创业投资公司	535	1. 20
资产管理公司	362	0. 81
证券公司资管计划	316	0. 71
私募股权基金	161	0. 36
信托计划	69	0. 16

资料来源：读懂新三板研究中心，东北证券资本市场部。

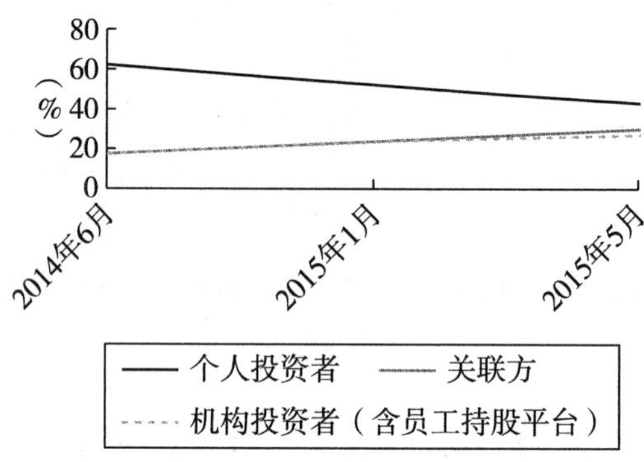

图 11　新三板投资者统计

五、机遇与挑战

根据前文所述，由于新三板的定向增发具有自主定价、及时备案、自主配售、审批简便等显著特点，我们很容易联想到新三板定向增发和注册制的相似之处（如表3所示）。

表3　　各类发行方式的对比

	审核制	注册制	新三板融资
对发行做出实质判断的主体	中介机构、证监会	中介机构	中介机构
发行监管性制度	中介机构和证监会分担实质性审核职责	证监会形式审核；中介机构实质性审核	中介机构实质性审核，事后报备
定价机制	窗口指导	自主定价	自主定价
发行效率	较低	较高	较高

通过表3总结，我们发现新三板融资和注册制发行相似程度非常高。在我国推行注册制已几成定局的情况下，我们可以把新三板融资看成是注册制的先行体验。

正因为如此，新三板融资为券商先行适应注册制融资环境提供平台，为券商带来新的机遇。新三板融资过程中，券商的估值定价和销售能力得以完整和充分的体现。具体体现为：

1. 监管环境

以股转公司为代表的监管机构目前对新三板创新持开放和鼓励态度，给券商以自主发挥空间。

2. 资源储备

新三板既为投行培育优质项目标的、潜在 IPO 客户，也为投行人员在业务创新上提供平台。

3. 业务创新

在为新三板企业设计融资方案时，可以根据企业实际情况灵活创新。目前，定向可转换债和私募可交换债没有法律障碍，发行人和券商可以大胆尝试。

4. 资源延伸

融资过程中，证券公司可以依据自身业务链条从各方面服务客户，开展创新项目的同时做好配套工作。

由此可见，在为新三板企业进行融资过程中，券商有较大的发挥空间，不同券商之间的服务差距将会体现得更加明显。因此，作为证券公司的资本市场部，不仅应当根据企业的自身需求和实际情况，积极灵活地设计融资方案；还应结合自身综合业务链条，协调各业务部门，为客户企业做好全方位的综合服务，同时也为自身积极寻找盈利模式（如图 12 所示）。

另外，由于新三板这种融资模式给券商带来一定的自主空

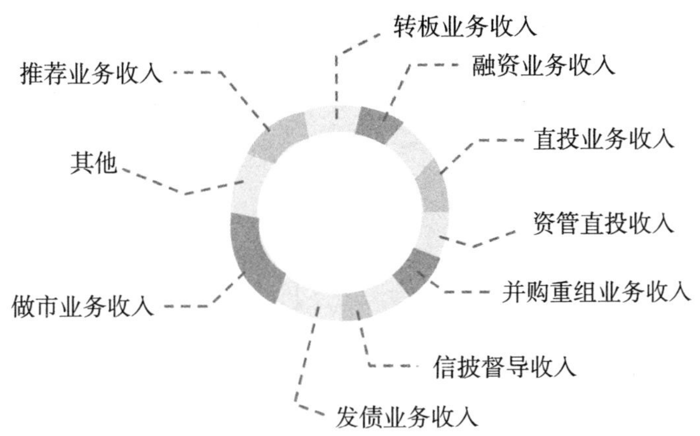

图 12　综合服务客户过程中的盈利模式

间，因此也对以发行为本职工作的资本市场部带来新的挑战。具体体现在以下几个方面：

1. 企业规模普遍偏小，行业细分程度高

新三板企业绝大多数为中小型企业，又以制造业和信息技术企业为主，很多企业行业细分程度非常高，在协助企业融资过程中，经常会遇到行业数据不足、可比公司不足、主营业务理解不足这三不足，而这些不足往往会为研究和销售工作带来负面影响。因此，对于资本市场部对于市场和行业的知识储备以及对投资者的沟通方式都带来了挑战。

2. 企业对自身预期过高

由于新三板企业的管理层普遍为实业出身的企业家，对于估

值方法的知识知之甚少，对于金融市场的嗅觉往往也不那么灵敏。加之新三板融资可以由发行人与券商协商自主定价，因此，企业在融资过程中，往往对于自身的估计与市场实际情况产生一定偏差，而其中绝大多数情况则是发行人对自身预期过高。对于这种情况，如何积极地与发行人沟通，努力寻找发行人预期和投资者意愿间的平衡点，成为资本市场部在销售过程中不可忽视的重点。

3. 项目个性化程度高

由于新三板企业融资项目个性化程度高，因此不同的设计方案往往有着不同的融资效果，券商之间的能力差异也会在不同方案设计过程中得以最大程度的体现。作为资本市场部来说，在拥有必要专业知识的前提下，能否与发行人深入沟通，深刻理解企业的深层情况和实际需求，紧密贴合为企业设计合理方案，很大程度上决定了融资服务的质量。

4. 投资者决策流程复杂

目前，新三板市场弹性较大，日间交易不设涨跌幅。投资者不同于主板投资者，个人投资者占比很高，同时证券公司和投资公司也占据相当比例。在融资过程中，投资者决策流程比较复杂，期间反复调研更改意愿的情况也较多。而投资者参与的不稳定性给发行人的发行制造了潜在的隐患。因此，在推介发行过程中，作为发行中介的资本市场部，需要具有良好的项目总体把控能力，无论是时间进度或是融资金额是否满足，都应及时跟进最新情况，从而力争确保发行平稳顺利。

5. 投资者附加要求多

新三板融资的灵活性，也给了投资者在参与过程中一定的议价空间。很多投资者在参与过程中往往提出各类附加要求，如业绩对赌、退出方式、额外承诺等。资本市场部在协调发行的过程中，能否积极与发行人和投资者沟通，了解双方实际意愿，努力寻找两者之间的平衡点，也从侧面影响着融资过程的推进。

拥抱小确幸——投行应成为ABS业务火车头

陆建华　德邦证券股份有限公司固定收益管理总部联席总经理、资本市场部总经理

资产证券化（Asset - backed Securities，ABS）作为近年来国内资本市场的热词之一，尽管曾经因为它的过度发展而直接导致了美国乃至全球性的金融危机，但作为一种创新型的金融工具，资产证券化能够激活存量资产、提高资金配置效率，在我国经济转型升级的大环境下对于宏观经济的平稳运行具有积极的意义。本文详细介绍了ABS的发展历程和市场现状，并深入探讨了投行在资产证券化业务中应该发挥的重要作用，希望能对各位资本市场同人有所启发，从而在资产证券化的“黄金时代”中探寻更多的业务机会。

作者简介

陆建华 德邦证券股份有限公司固定收益管理总部联席总经理，资本市场部总经理。

一、ABS 简介

2005—2008 年是 ABS 业务起步阶段，建元、开元等银监会批准发行的信贷类 ABS 共 17 单，总计金额 597 亿元；莞深高速收费收益权等证监会批准发行 ABS 共 9 单，总计金额 263 亿元。2011—2014 年是 ABS 业务重启阶段，银监会批准发行信贷类 ABS 共 78 单，总计金额 3178 亿元；证监会批准发行 ABS 共 29 单，总计金额 392 亿元。

2014 年 11 月，银监会信贷 ABS 业务由审批制改为业务备案制，央行实行注册制；证监会发布《证券公司及基金管理公司子公司资产证券化业务管理规定》及配套规则，改事前行政审批为事后备案，实施负面清单管理制度。由于监管的放开，2015 年 ABS 业务进入爆发式增长期，企业 ABS 发行量共 1611. 93 亿元，为 2014 年同期发行量的 4 倍左右。2016 年，继续延续增长趋势，

ABS 仍然大有空间（如图 1 所示）。

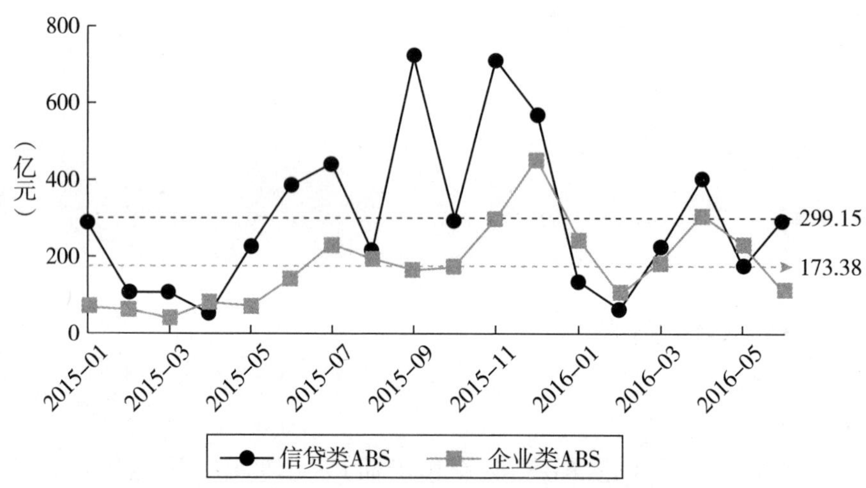

图 1　信贷类 ABS 和企业类 ABS 发行规模走势

此外，从未来几年市场前景看，在企业负债端加杠杆受限的背景下，资产端增加流动性是必然选择。2016 年 6 月国务院新闻办在短短十天内组织了两次关于中国经济的债务问题的新闻发布会，声称中国总体债务水平可控，政府类债务有提升空间，而企业类债务要继续去杠杆。

由于监管市场化，近几个月，就沪深两个交易所已通过备案的固收项目看，ABS 类项目数量已占到 30% 左右。而资管团队投行化的趋势，则是券商资管从通道向主动管理进化的必然要求。

从结构上来看，传统主流品种租赁 ABS、基础设施收费权 ABS 发行量出现大幅上升，更多种类融资主体的加入使得企业

ABS 出现了诸多的创新资产类别，包括航空客票、股票质押融资债权、两融债权、物业费、影院票务收入、保理资产等（如图 2 所示）。

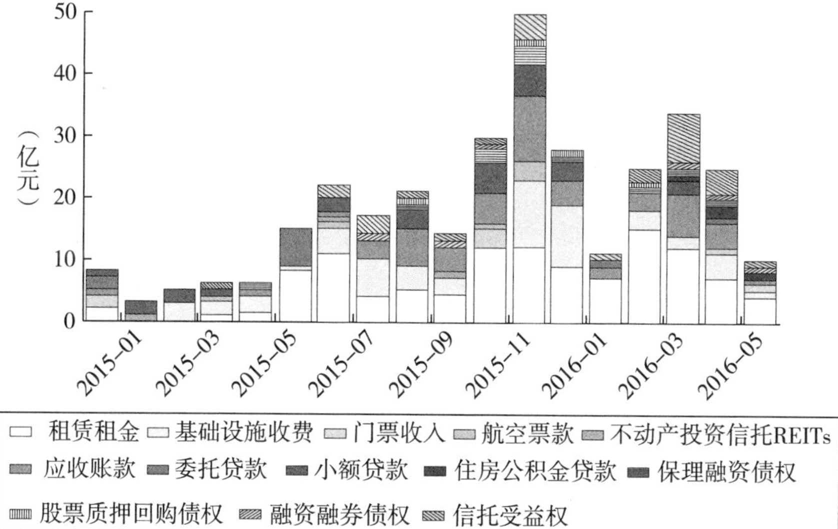

图 2　市场基础资产分布

从原始权益人地域分布上来看，江苏、广州、四川是主要区域，而企业集中的浙江、山东、湖南、湖北仍有巨大空间（如图 3 所示）。

从存量情况上看，租赁租金和基础设施收费依然是主要的原始资产包，存量资产到期的滚动替换也是巨大的潜力市场（如图 4 所示）。

从投资者的角度看，银行仍然是 ABS 投资的大户，2015 年

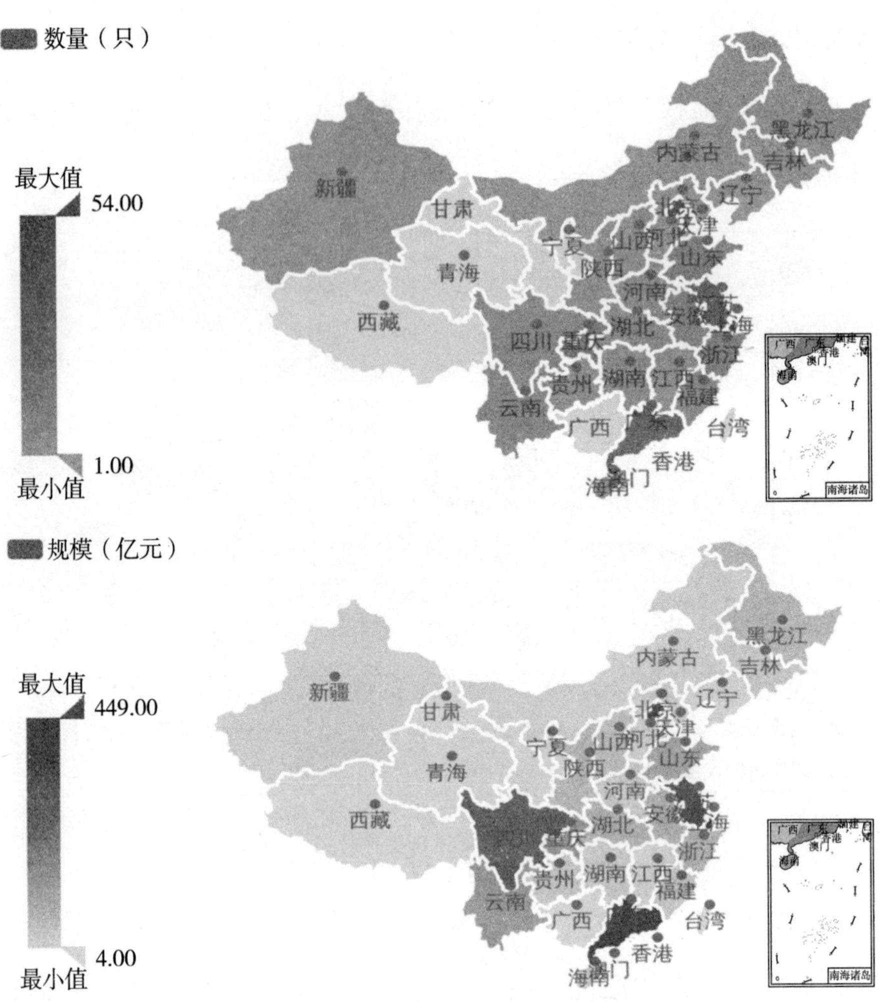

图3 原始权益人地域分布

以来基金参与的占比出现了较为明显的上升，企业 ABS 的投资者较信贷 ABS 更为广泛，股份行、城商行、基金专户、券商自营和资管、保险对企业 ABS 的投资均较为活跃。由于企业 ABS 收益率普遍较高，上述机构大多加大了对企业 ABS 的投资力度

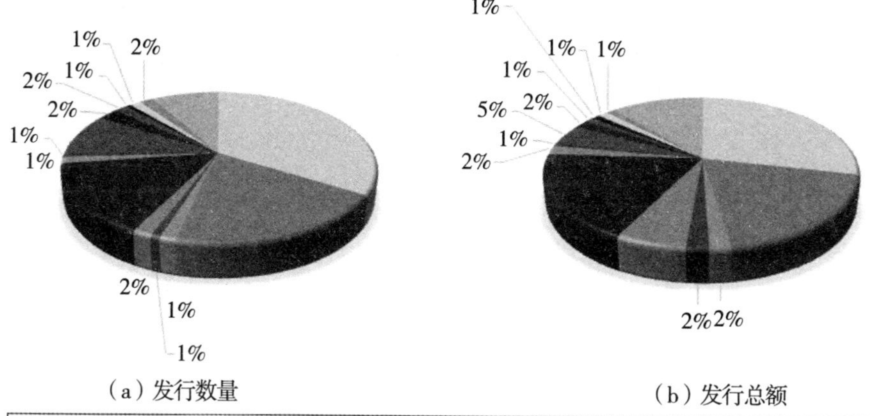

图4 存量余额分布情况

（如下表所示）。

投资者分布情况

成员属性	机构数量	2015年10月		2014年12月	
		面额（亿元）	占比（%）	面额（亿元）	占比（%）
商业银行	152	2506.73	62.39	1770.22	65.83
基金	166	1233.52	30.70	726.22	27.01
特殊结算成员	3	60.35	1.50	58.16	2.16
非银行金融机构	25	102.33	2.55	50.24	1.87
证券公司	17	71.74	1.79	38.78	1.44
保险机构	6	27.44	0.68	36.35	1.35

续 表

成员属性	机构数量	2015 年 10 月		2014 年 12 月	
		面额（亿元）	占比（%）	面额（亿元）	占比（%）
信用社	9	11.94	0.30	7.34	0.27
境外机构	6	3.76	0.09	1.32	0.05
非金融机构	1	0.3	0.01	0.3	0.01
总计	385	4018.11	100.00	2688.93	100.00

从评级分布来看，资金多堆积于高评级，AAA 评级受到追捧。（如图 5 所示）

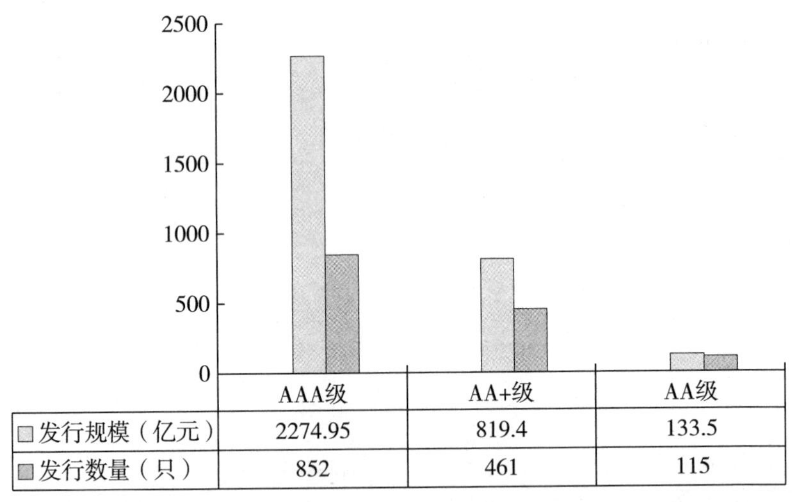

图 5　2014 年年底至今企业 ABS 不同评级发行规模与数量

从期限上看，资金堆积在短期，1 年期以内的最受欢迎，也是由于担心主体风险导致投资短期化（如图 6 所示）。

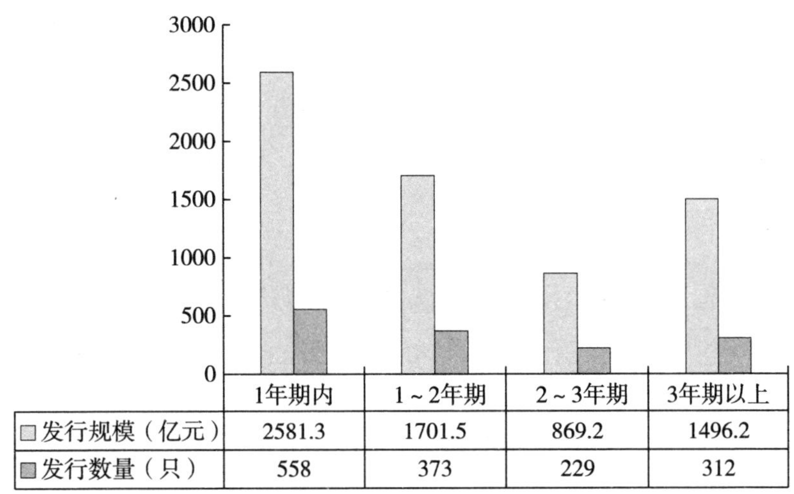

	1年期内	1～2年期	2～3年期	3年期以上
□发行规模（亿元）	2581.3	1701.5	869.2	1496.2
■发行数量（只）	558	373	229	312

图 6　2014 年年底至今不同期限 ABS 发行规模与数量

二、为什么投行应该成为火车头

投行主要工作是围绕发行人资产负债表，将非标产品转化为标准化金融产品，并据此生成或增加流动性的过程，投行创造的就是流动性溢价。投行在 ABS 业务中扮演的角色是银行间市场的承销商；交易所市场的发起人、计划管理人、服务机构、承销商和做市商；并为私募类 AB 提供通道业务（专项资管计划）。投行在 ABS 业务中的职责是寻找具有稳定现金流、可分割转移基础资产，作为合适的标的；创设 SPV 与产品结构，实现资产“真实出售”并构建合理的交易结构；为发行人提供风险分割和增信业务，包括从内部的分层、现金补偿、差额补足、超额抵押到外部的担保、备偿信用证、资产质量追索等；此外，还承担着估值、定价及销售的职责。

我国的三种资产证券化模式在特殊目的机构的选择上存在较大差别：一是人民银行和银监会主导的信贷资产证券化模式，该模式以信托作为SPV；二是证监会主导的证券公司和基金子公司的企业ABS，采用专项资产管理计划作为SPV；三是银行间市场交易商协会主导的资产支持票据，该模式并没有明确规定特殊目的机构类型，部分发起人采用账户隔离的方式进行资产的破产隔离。

从特殊目的机构真实销售和破产隔离的功能和效果来看，三种模式存在差异。信托作为特殊目的机构有着较强的法律法规依据，《信托法》明确规定了信托财产不属于受托人财产，与受托人资产相隔离，不作为受托人的破产财产；信托也是国际上常用的方式。相比而言，券商专项资管计划以《证券公司及基金管理公司子公司资产证券化业务管理规定》（以下简称《规定》）作为主要的依据，规定券商和基金专项资产管理计划项下的财产不属于受托人的财产，不受受托人的影响。而该《规定》仅属于部门规章，在法律层级上尚有所欠缺。如果出现纠纷，能否达到破产隔离的效果仍存在一定的怀疑。此外，《规定》在资产转移后仍对发起人设置了很多的限定要求，如规定业务经营可能对专项计划以及资产支持证券投资者的利益产生重大影响的原始权益人应当有持续经营能力，无重大经营风险、财务风险和法律风险，在专项计划存续期间，应当维持正常的生产经营活动或者提供合理的支持，为基础资产产生预期现金流提供必要的保障等。上述规定对原始权益人（发起人）提出诸多的限制性条件，在资产出售给特殊目的机构（专项资产管理计划）后，仍然同发起人存在较大程度的关联，资产是否独立、是否真实出售和破产隔离、是否以资产自身的信用进行融资存在疑问。另外，如果要求原始权益人为基础资产产生预期现金流提供必要的保障，也让人对资产证券化的效果生疑，是在进行抵押融资还是资产证券化？

和《信托法》相反，《证券法》是证监会牵头起草的法律，所以常规的债券发行交易归证监会管，但央行主导下的交易商协会却在 2005 年以回避“债券”的方式，开展非金融机构短融、中票及 PPN 等“债务融资工具”，凭借强大的投资者会员，迅速把交易所债务边缘化。

《基金法》也是这种情况，基金从法理上讲是信托的一个分

支，《信托法》应该是《基金法》的上位法，但证监会却把《基金法》创设成了一个独立的法规体系。（如图 7 所示）

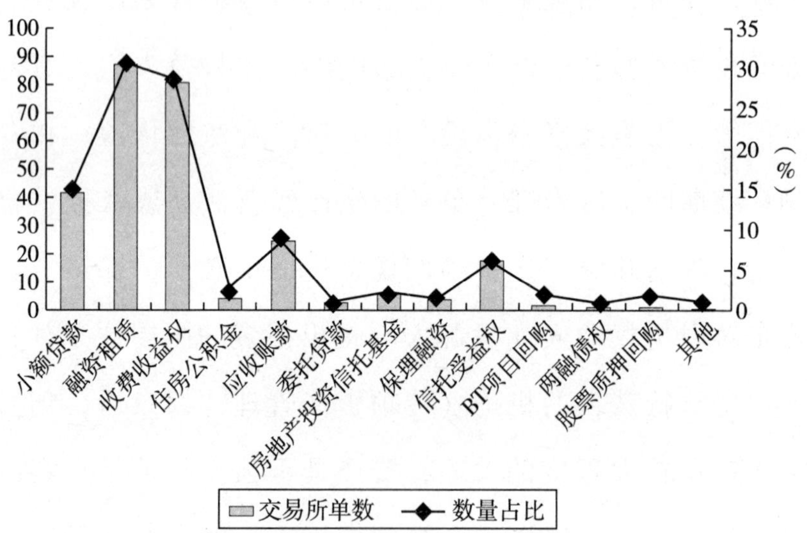

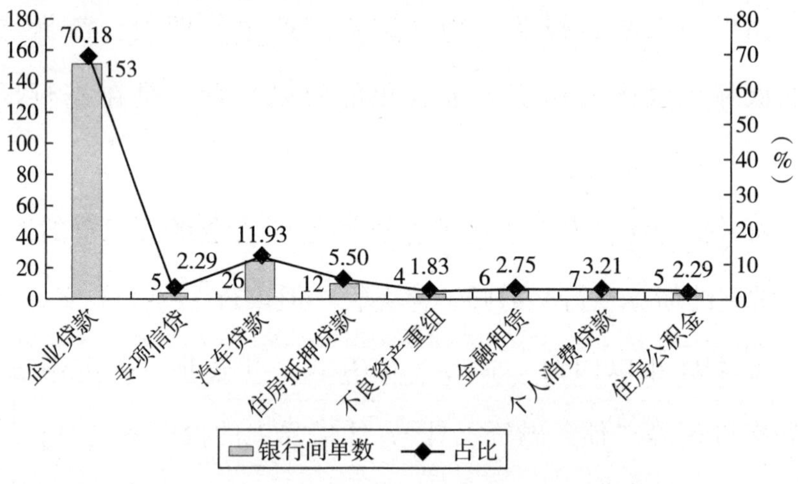

图 7　资产证券化市场状况——市场发行只数

三、资产证券化市场状况——AAA 级产品利率分布情况

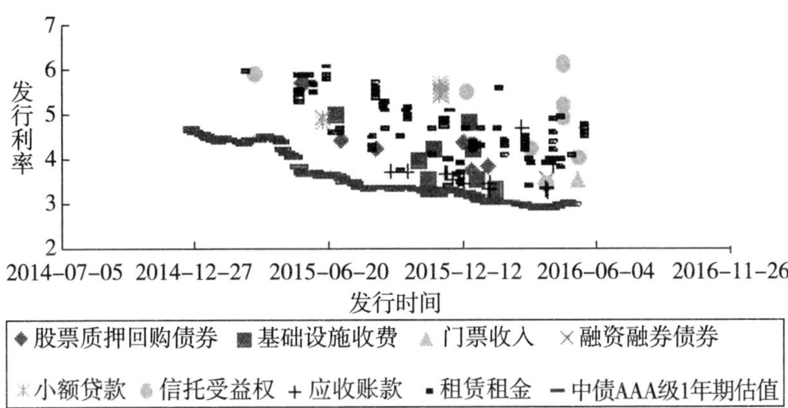

图 8　1 年期 ABS 发行利率走势

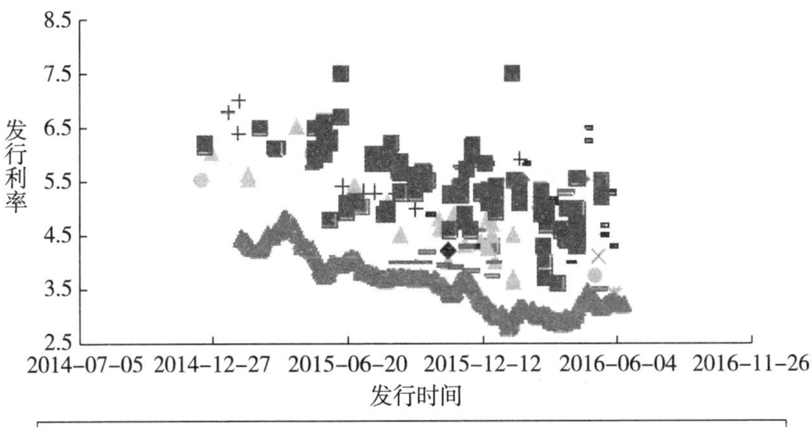

图 9　1～2 年期 ABS 发行利率分布

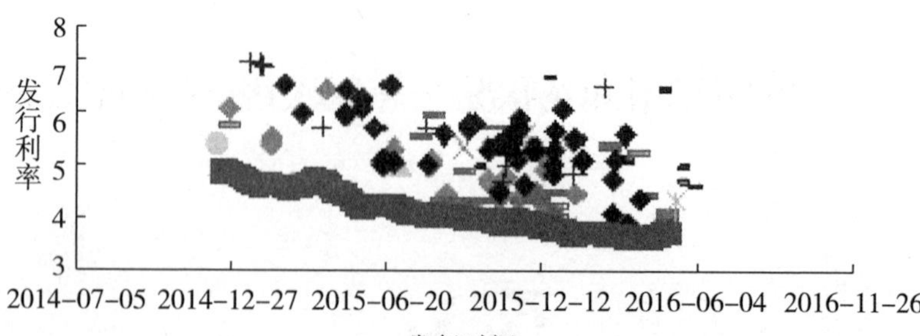

图10　2～3年期ABS发行利率分布

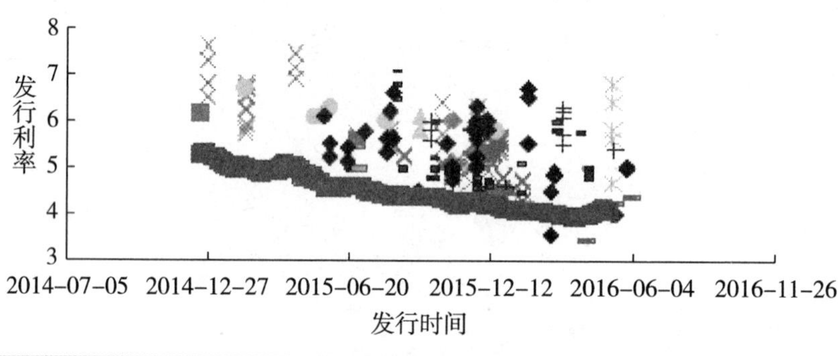

图11　3年期以上ABS发行利率分布

四、资产证券化市场状况——AA+级产品利率分布情况

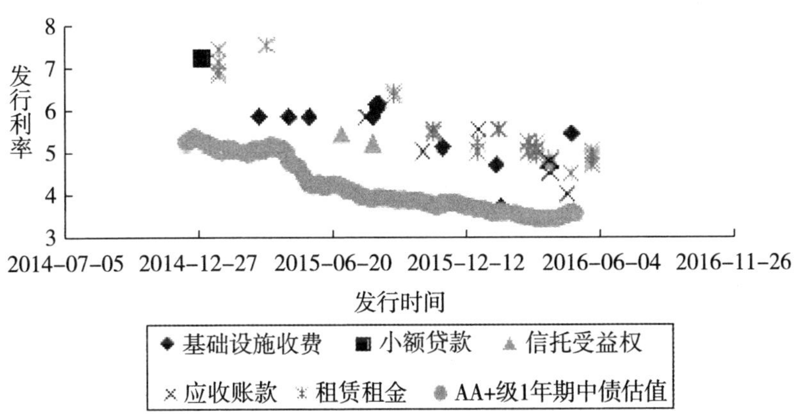

图 12　1 年期 ABS 发行利率走势

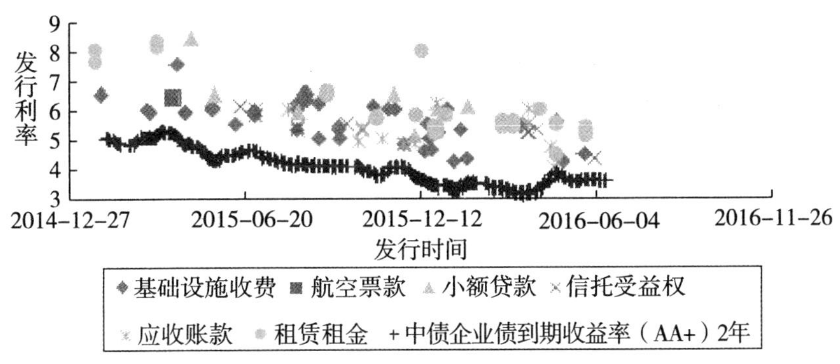

图 13　1～2 年期 ABS 发行利率分布

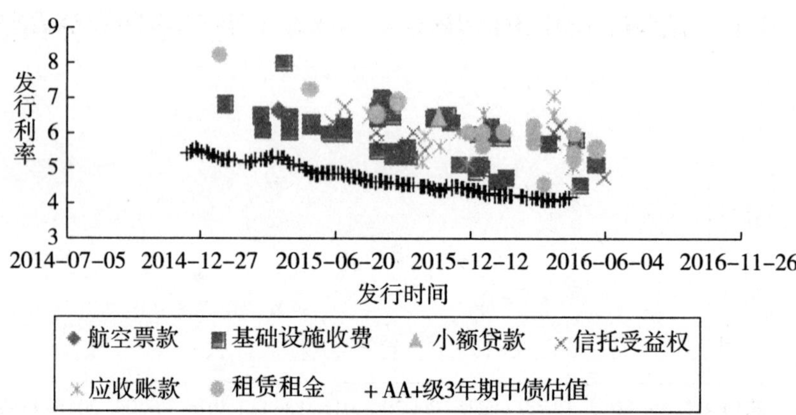

图 14　2～3 年期 ABS 发行利率分布

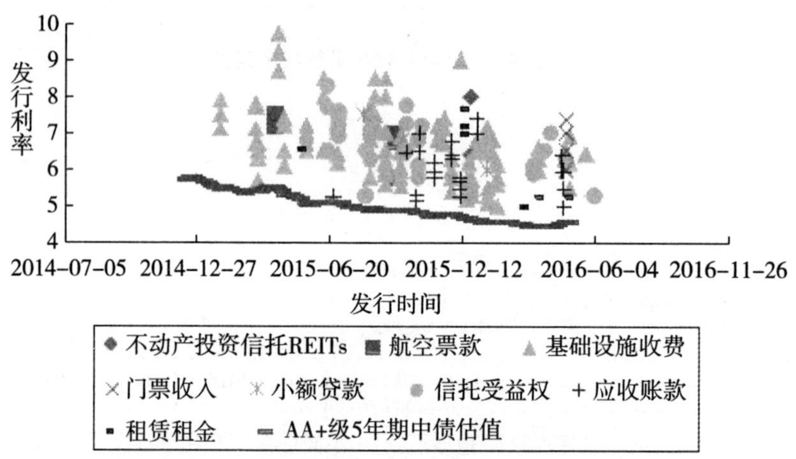

图 15　3 年期以上 ABS 发行利率分布

五、资产证券化市场状况——AA 级产品利率分布情况

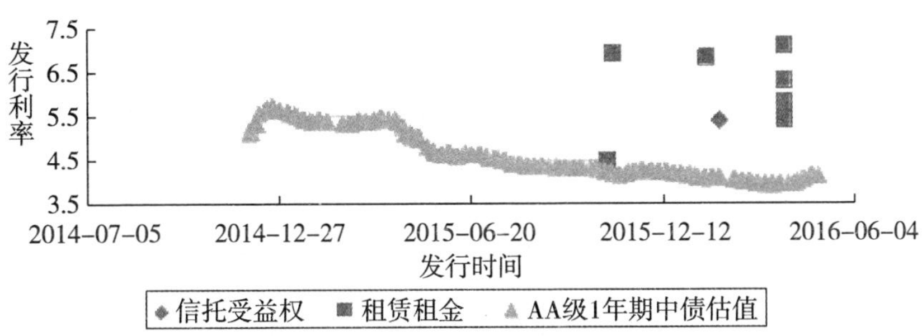

图 16　1 年期 ABS 发行利率走势

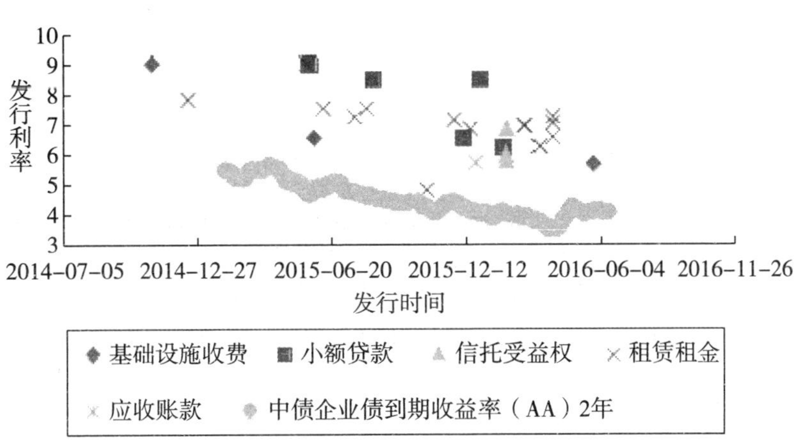

图 17　1～2 年期 ABS 发行利率分布

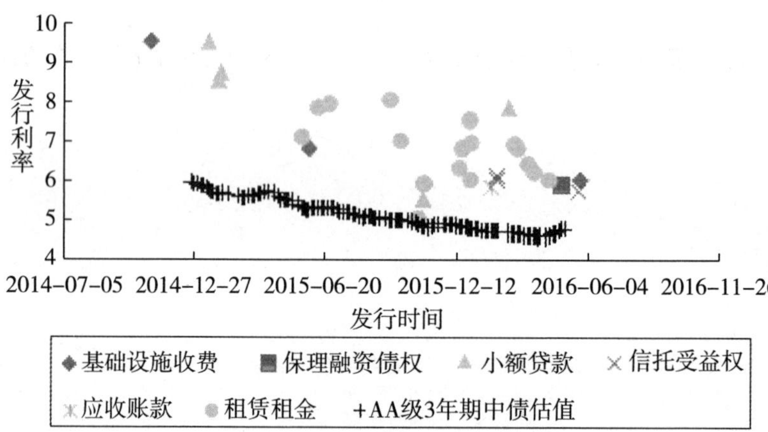

图 18　2～3 年期 ABS 发行利率分布

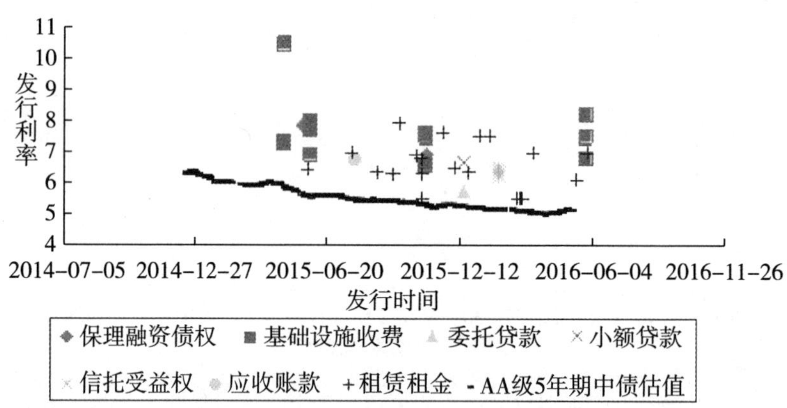

图 19　3 年期以上 ABS 发行利率走势

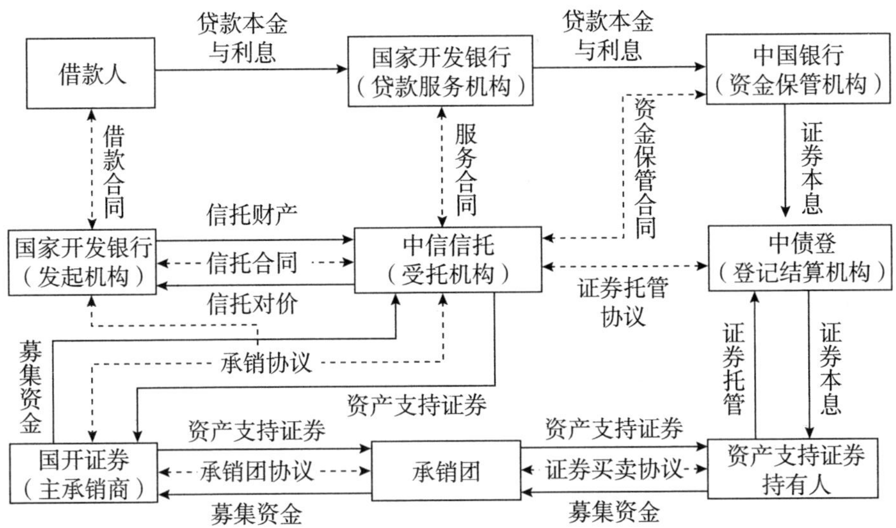

图 20　2016 年第一期开元信贷资产支持证券交易结构

证监会严格并购重组监管 上市公司需重视重组期间媒体关系

章诚爽　**金融公关集团狮华股份董事长、总经理**

由于2016年年初股票市场的大幅波动，监管机构在稳定资本市场的大目标下，严控了借壳上市的审查并进一步强化了信息披露的透明度。并购监管之力在多措并举下不断延伸，加快了并购市场改革和制度的完善。本文针对2016年7月发布相关监管细则，详细说明并分析了媒体舆论将在今后并购重组中扮演的重要角色，以及上市公司在筹备媒体说明会时应当采取实施的六个步骤，以确保公司在良好的舆论环境下顺利完成其战略目标。

作者简介

章诚爽 1970年4月生，新加坡国籍，硕士研究生学历。1989年9月至1992年8月就读于北京医科大学药化专业；1992年9月至1995年6月就读于加拿大卡尔加里大学化学专业；1995年7月至1996年2月任新加坡标准局研究员；1996年2月至1998年2月任法国罗纳普朗科公司个人护理业务技术经理；1997年6月至1999年12月，就读美国金门大学EMBA；1998年3月至2000年3月，任美国节能科公司个人护理业务亚洲技术服务经理；2000年4月至2001年5月Wallstraits公司联合创立人并兼任市场总监。2001年至今任Financial PR Pte Ltd执行董事；2011年4月至2015年9月任有限公司董事长；2014年3月至今任狮华沐鹤执行董事；2015年9月至今任股份公司董事长、总经理。

一、媒体关系的重要性

2016 年，投资者关系管理及媒体管理的一件大事是证监会新闻发言人张晓军在 7 月 1 日发布的关于严格重组上市监管工作的有关安排。同期，上交所和深交所均出具相关细则，要求进行重大资产重组（重组上市或涉嫌重组上市）的上市公司在复牌前召开媒体说明会，此举在上市公司和资本市场中介圈引起了广泛关注。

根据上交所和深交所发布的媒体说明会实施细则，停牌公司涉及借壳上市或重大资产重组的，不得迟于公布草案或预案的五个交易日内召开媒体说明会，否则不可复牌。媒体说明会的邀请名单中，必须要有不少于 3 家中国证监会指定的法定信息披露媒体。

众所周知，财经媒体扮演着对 A 股上市公司进行舆论监督的重要角色，而媒体关系管理一向是上市公司财经公关工作的重中之重。从中长期看，此次有关上市公司重大资产重组中媒体说明会的新规对推动资本市场有序发展是一个非常利好的举措，但就短期而言，也给重组进程中的上市公司和财务顾问带来了新的挑战。

Wind 数据显示，截至 2016 年 7 月 7 日，A 股共有 189 家上市公司涉及重大资产重组。在停牌中，包括 16 家连续两年亏损的 ST 公司，可以猜测这 189 家停牌的上市公司中不乏壳公司。这 189 家涉及重大资产重组的 A 股上市公司在停牌时的总市值为 15808 亿元。大致可分成两类：一类是等着被借壳的上市公司；另一类是企业通过重大资产重组兼并收购，增厚主营业务或战略转型的公司。然而两者都肩负着得到“主流财经媒体和舆论”认同其重组方案的重任。

在 A 股，一旦被认定为借壳上市，虽然不用“排队”，但是其审核标准基本与 IPO 一致，而重大资产重组的审批流程一般是 3 个月，时间缩短不止一半。这就是为什么许多标的公司聘请有丰富经验的投行、律师等帮助其策划重组方案，尽量避免“借壳”上市的原因所在。然而，随着以上“必须”召开媒体说明会的细则的推出，标的公司需要接受除了交易所和证监会外的专业财经媒体记者，久经沙场的编辑们以及掌控自媒体的资本市场意见领袖们的“审核监督”。

二、交易所关于媒体说明会的要求

让我们看看两个交易所针对媒体说明会的陈述要求。

上交所的要求如下：

（1）上市公司实际控制人应当说明本次重组上市交易的必要性、交易定价原则、标的资产的估值合理性。

（2）上市公司独立董事应当对评估机构或者估值机构的独立性、评估或者估值假设前提的合理性和交易定价的公允性发表明确意见。

（3）标的资产实际控制人应当说明标的资产的行业状况、生产经营情况、未来发展规划、业绩承诺、业绩补偿承诺的可行性及保障措施等。

（4）中介机构相关人员应当对其职责范围内的尽职调查、审计、评估等工作发表明确意见。

（5）上市公司或重组标的最近五年内因违法违规受到中国证监会行政处罚或交易所自律监管措施的，相关人员应当说明整改情况及对本次交易的影响。

深交所的要求是：

（1）上市公司现控股股东、实际控制人应充分说明本次交易的必要性、交易作价的合理性、承诺履行和上市公司规范运作等情况。

（2）上市公司董事、监事及高级管理人员应充分说明其对交易标的及其行业的了解情况、重大市场质疑和投诉的主要内容及说明（如有），以及董事、监事及高级管理人员在本次重大资产重组项目的推进和筹划中是否切实履行了忠实、勤勉义务等。

（3）拟新进入的控股股东、实际控制人应详细说明交易作价的合理性，业绩承诺的合规性和合理性（如有）。

（4）交易对方和重组标的董事及高级管理人员应充分说明重组标的报告期生产经营情况和未来发展规划，以及对相关的重大市场质疑和投诉的说明（如有）。

（5）中介机构应充分说明核查过程和核查结果，评估机构应详细说明重组标的的估值假设、估值方法及估值过程的合规性，以及估值结果的合理性。

（6）参会人员认为应说明的其他问题。

（7）中国证监会及其派出机构和本所要求说明的其他问题。

因涉嫌规避重组上市监管要求召开媒体说明会的，上市公司现控股股东、实际控制人以及独立财务顾问应明确说明本次重大资产重组是否构成重组上市。下表总结了两个交易所针对媒体说明会召开的有关详细规定。

两个交易所针对媒体说明会召开的有关详细规定

事项	上交所	深交所主板	深交所中小板	深交所创业板
召开原因	上市公司重组交易构成重组上市的； 未构成重组上市的，按照中国证监会或上海证券交易所要求而定	重组上市； 涉嫌规避重组上市监管要求的； 受到重大媒体质疑、投诉举报的； 其他情形		涉嫌规避重组上市监管要求的； 受到重大媒体质疑、投诉举报的； 其他情形
召开时间	披露重组预案或草案的同时； 或受到召开媒体说明会要求的 2 个交易日内，公告披露召开说明会的具体安排； 公司应公告披露之日起 5 个交易日内召开	上述原因分情况召开： 首次披露重大资产重组预案或报告书后，复牌前； 次一交易日发出召开通知，复牌前召开； 交易所提出要求的次一交易日发出召开通知，并在两个交易日内召开		上述原因分情况召开： 次一交易日发出召开通知，复牌前召开； 交易所提出要求的次一交易日发出召开通知，并在两个交易日内召开
	已停牌公司，未召开媒体说明会的，公司股票不得复牌			—
地点	上交所交易大厅或其他经认可的地点召开说明会，并进行全程网络直播	深交所，全程网络直播		

续 表

事项	上交所	深交所主板	深交所中小板	深交所创业板
问题来源	“上证 e 互动”网络平台访谈栏目等渠道	—		
出席人员	实际控制人、上市公司主要董事、独立董事、监事、总经理、董事会秘书及财务负责人等； 标的资产的实际控制人、主要董事、总经理及财务负责人等； 中介机构：包括财务顾问、会计师事务所、律师事务所和评估机构等的主办人员和签字人员等；停牌前6个月及停牌期间取得标的资产股权的个人或机构负责人。有必要的可以请行业专家、证券分析师等参会	上市公司的现控股股东、实际控制人； 上市公司主要董事、监事及高级管理人员； 拟新进入的控股股东、实际控制人和其他主要交易对方代表，重组标的主要董事和高级管理人员 中介机构代表		
参会媒体	法披媒体不少于3家（必须）； 依法持有国家新闻出版广电总局核发的新闻记者证的新闻记者； 中证中小投资者服务中心有限责任公司的代表	法披媒体不少于3家		

续　表

事项	上交所	深交所主板	深交所中小板	深交所创业板
环节设置	重组上市交易各方陈述； 媒体现场提问； 现场答复问题等	—		
会议内容	实际控制人说明本次重组上市交易的必要性、交易定价原则、标的资产的估值合理性； 独立董事对评估机构或者估值机构的独立性、评估或者估值假设前提的合理性和交易定价的公允性发表明确意见； 标的资产实际控制人说明标的资产的行业状况、生产经营状况、未来发展规划、业绩承诺、业绩补偿承诺的可行性及保障措施等；中介机构相关人员对其职责范围内的尽职调查、审计、评估等工作发表明确意见	现控股股东、实际控制人；交易的必要性、交易作价的合理性、承诺履行和上市公司规范运作等情况； 董事、监事及高级管理人员说明对交易标的及其行业的了解情况、重大市场质疑和投诉的主要内容及说明（如有）；履行了忠实、勤勉义务等； 中介机构说明核查过程和核查结果，评估机构说明重组标的的估值假设、估值方法及估值过程的合规性，以及估值结果的合理性；其他问题		

续 表

事项	上交所	深交所主板	深交所中小板	深交所创业板
需再次召开说明会的情况	对媒体说明会存在重大质疑或投诉举报的； 重组方案发生重大调整的； 终止重组的； 本所认为必要的其他情形	—		
说明会情况的披露	召开后次一交易日，公告披露媒体说明会的召开情况，包括： 媒体在会上提出的问题、公司现场答复情况及未答复理由（如有）、公司会后补充说明内容； 未停牌的公司未能在媒体说明会召开后次一交易日披露上述公告的，应当申请停牌	次日在法批披露： 时间、地点、参会人员及媒体； 涉及重大资产重组的主要问题及答复情况； 上市公司认为应说明的其他事项		
法律专项建议	聘请律师见证并出具专项建议	—		
中介机构一致性意见披露	中介机构对重组方案补充披露的内容与媒体说明会发布的信息是否一致发表意见，并予以披露	—		

续　表

事项	上交所	深交所主板	深交所中小板	深交所创业板
重组草案修改	媒体说明会上发布的信息未在重组方案中披露的，要修改重组方案并及时披露	—		
会议纪要	—	两个交易日内，在互动易刊载媒体说明会文字记录		
媒体报道关注	—	关注公共媒体关于媒体说明会的报道，如发现不实报道，应及时采取澄清等措施		
资料备份	—	参会媒体的身份证明、会议记录、现场录音（如有）、演示文稿（如有）、向参会媒体提供的文档（如有）等资料存档并保管		

除了媒体关注的问题外，媒体说明会的细则中还明确规定了上市公司和标的公司的参会人员，包括实际控制人、主要董事、高管和监事，以及负责交易项目的投行、律所和评估公司的有关人员。

媒体说明会后的两个交易日内，上市公司需要公布媒体说明会纪要。

从以上规定不难看出，要筹备、召开、实施一场有效有序的重大资产重组复牌前媒体说明会，上市公司需要聘用专业的财经公关公司为其草案/预案提前做梳理，找出媒体有可能提出的问题和质疑，同时帮助参与媒体说明会的董高监做媒体发言及问答培训，制定符合交易所规定的，配合公告发布的媒体传播计划，实施媒体舆情监测，一旦发现对公司股价或声誉可能产生较大影响的不实报道，及时澄清处理。因此上市公司需要将专业的财经公关工作提上日程。

三、上市公司筹备媒体说明会的相关步骤

在具体筹备实施中，上市公司可以采取以下六个步骤：

（1）草案/预案公告梳理：针对沪深交易所的陈述规定，将方案及估值的合理性，是否存在刻意规避重组上市，利润承诺等能否实现等媒体说明会核心关注点做一个系统的梳理，并结合上市公司和标的公司过往 12 个月的媒体舆情搜索分析，制定模拟问答。目的是有备而来。

（2）陈述本次重大资产重组的必要性：就上市公司未来 3～5 年发展目标、战略和标的公司行业地位、竞争优势、运营情况、业绩对赌、投后管理、业务协同等方面，按照媒体说明会的陈述要求，做成一个 PPT。目的是主动引导媒体舆论，讲出一个符合投资逻辑的完整故事。

（3）媒体说明会排演培训：一般由久经沙场的专业财经公关顾问“导演”，为需要出席媒体说明会的上市公司，标的公司董高监和中介机构进行排练培训。

（4）媒体说明会现场技巧：除了 PPT 外，最好将准备好的新闻稿和第三方点评作为说明会资料发给到场的记者，这样有助于引导、方便记者会后成文。在问答环节，对没有准备好答案的问题和涉及信息披露不便回答的问题，先记下，在上传媒体说明会纪要时根据需要统一回复，有必要时会后一对一回复媒体记者。会后做好一一跟进沟通，以诚恳的态度和到位的沟通以不变应万变。

（5）24 小时媒体舆情监测：从草案公告起，由财经公关顾问公司安排对全网，包括移动端和传统媒体进行全渠道实时媒体监测。一旦发现“有杀伤力”的负面报道，及时安排沟通。对与事实不符及理解有误的报道内容，及时与相关媒体的记者编辑沟通，尽速修改或澄清。

（6）根据重大资产重组方案，上市公司，标的公司的具体情况，可以适当提前安排部分媒体沟通或领导专访。

最后，以上六个步骤的实施需要上市公司和财务顾问对媒体说明会和媒体管理予以提前重视。充分准备，防患于未然，才是上上策。如果抱着侥幸心理，当媒体的质疑报道引起监管部门的关注，反馈问题一轮接一轮的时候，媒体关系管理的难度和成本必将加大，对重组事项造成延迟甚至被叫停的可能性将加大。因此，从现在起，有意开展重大资产重组或已在重组进程中的上市公司应特别注重重组期间的媒体关系管理，努力为自身创造一个良性的舆论环境，保证上市公司战略目标的顺利实现。

刍议风险管理

吕建红　太平洋证券股份有限公司固定收益总监

20世纪90年代以来，全球金融衍生品交易规模不断扩大，交易品种不断增多，设计创新日新月异，但因金融衍生品引发的重大亏损的案例也层出不穷。在我国金融市场的十几年的发展历程中，尽管金融衍生工具带来了可观的效益，我们也应该清楚地认识到我国在金融衍生品市场风险防范经验上存在的不足。本文以风管管理的核心——分散风险作为出发点，探讨了我国目前的市场制度下，风险产生的主要原因以及风险管理存在的主要问题，旨在帮助读者有更全面的思考。

作者简介

吕建红 香港大学IMBA，清华大学工学学士。现任太平洋证券股份有限公司固定收益总监，负责固定收益融资、自营、销售、资产管理与投资顾问、衍生产品、债券研究等工作。中国证券业协会固定收益专业委员会委员，国家发改委PPP专家库首批专家。曾担任香港国际金融社、西部证券、天风证券高级管理人员，具有近二十年证券从业管理经历，具有深厚的国内外金融市场从业经验，对各类金融产品的定价、交易具有丰富的经验。

一、风险管理的核心

从股指期货，到国债期货，从期权到近来的 CDS（信用违约互换），我国的金融衍生品市场蓬勃发展。如果向金融从业者提问，金融衍生品的本质是什么，我相信几乎所有人都会不假思索地回答：其本质是风险管理工具。那么风险管理的核心又是什么呢？

从整个市场层面来说，风险管理的本质就是分散风险。教科书上一开始就告诉我们能够被分散的风险就不是系统性风险。这里面蕴含着一个非常朴素但却至关重要的道理，那就是在风险管理中，“断其一指不如伤其十指”！在一个复杂的金融交易网络中，任何一个节点的崩溃都可能造成整个体系的危险，而通过风险管理，将任何一个可能对单一节点造成致命性的冲击分散到更大的范围当中，实际上就降低了整个网络的风险，而风险管理工具就是实现这种效果的必要条件之一。

金融市场两大核心价值——资产优化配置和风险管理。各类资产通过证券化或者类证券化，进入金融市场，再通过各种风险管理工具，将原本集中的风险分散开去，从整体上提升了经济运行的稳定性。此外，金融衍生品可以通过给机构提供风险管理工具从而拓展机构的投资范围，提高投资规模，促进整个市场的流动性。

二、我国金融衍生品市场风险管理的现状与问题

实际上，在当前我国的金融市场架构中，宏观风险分散的效果其实并不明显。我国金融市场中的资本来源主要来自于商业银行，更加确切地说是来自于国民的储蓄存款，其实质也是银行的负债。换言之，银行的负债通过金融市场之后，尽管表面上进行了各种风险的分散，但是最终风险又几乎全部回到了银行（房地产市场就是代表之一，债券市场也很典型，股票市场中由于有大量的散户存在，情况稍好）。如果希望让国民的资产更多地进行投资型配置，那么就需要提供更多能够吸引国民投资的投资去向，风险收益比能够超过单纯的储蓄，让全体国民共同享受收

益，共同分担经济风险，这样才能使得整个经济体更加健康。而目前的情况是，由于缺乏合适的投资去向，国民财富基本上是以储蓄或者类储蓄（银行理财或者信托产品）的方式存在，如此无法达到在宏观层面风险分散的效果，无法真正有效降低整个经济体的系统性风险。

另外，对于现在市场中的各类金融衍生品工具来说，面临最严峻的问题就是流动性。缺乏流动性的风险管理工具，就如同堵塞的血管，难以承担风险转移的任务。无论是股指期货，国债期货、期权以及 CDS，都处在这样一个尴尬的局面，那就是最需要分散风险的现货投资者却基本不能参与与其现货风险管理相对应的衍生品的交易。